믿음의 항해

레이 프리처드 지음 | 전광규 옮김

1/11/2015

두란노

AN ANCHOR FOR THE SOUL

By Ray Pritchard

Published by Moody Bible Institute
Chicago, Illinois 60610-3284, USA

Copyright © 2000 by Ray Pritchard

Korean translation copyright © 2002 by Tyrannus Press
95 Seobinggo-Dong, Yongsan-Ku, Seoul, Korea

This Korean edition is published by arrangement with
Moody Bible Institute. All rights reserved.

본 저작물의 한국어 판권은 Moody Bible Institute와의 독점 계약으로
'두란노'가 소유합니다. 저작권법에 의하여 한국 내에서
보호를 받는 저작물이므로 무단 전재와 무단 복제를 금합니다.

믿음의 항해

믿음의 항해

지은이 | 레이 프리처드
옮긴이 | 전광규
초판발행 | 2002. 8. 8.
43쇄발행 | 2012. 5. 22.
등록번호 | 제3-203호
등록된 곳 | 서울시 용산구 서빙고동 95번지
발행처 | 사단법인 두란노서원
영업부 | 749-1059 FAX 080-749-3705
출판부 | 794-5100(#344)
인쇄처 | 제형인쇄

▎책값은 뒤표지에 있습니다.
ISBN 89-531-0194-8 03230

▎독자의 의견을 기다립니다.
tpress@tyrannus.co.kr http://www.Durano.com

경건 58

두란노서원은 바울 사도가 3차 전도 여행 때 에베소에서 성령 받은 제자들을 따로 세워 하나님의 말씀으로 양육하던 장소입니다. 사도행전19장 8-20절의 정신에 따라 첫째 목회자를 돕는 사역과 평신도를 훈련시키는 사역, 둘째 세계선교(TIM)와 문서선교(단행본·잡지)사역, 셋째 예수문화 및 경배와 찬양 사역, 그리고 가정·상담 사역 등을 감당하고 있습니다. 1980년 12월 22일에 창립된 두란노서원은 주님 오실 때까지 이 사역들을 계속할 것입니다.

서문 · 6
한국어판 서문 · 12

1 | 이제 시작이다! · 15
2 | 당신에 관한 진리 · 35
3 | 놀라운 은혜 · 57

4 | 당신의 대답이 당신의 운명을 결정한다 · 75
5 | 다 이루었다 · 89
6 | 당신의 신용 상태는 어떠한가 · 105

7 | 구원 얻는 믿음이란 무엇인가 · 121
8 | 그리스도께 나아감 · 137
9 | 새로운 방향으로 나아가는 첫걸음 · 159

> 이 책을
> 읽는
> 당신에게

    이 책은 하나님을 알기 원하는 사람들을 위한 것이다. 만일 당신이 그런 사람이라면 기대하시라, 좋은 소식을 알려 주겠다. **하나님을 깊이 개인적으로 알 수 있다면, 하나님을 앎으로 인해 당신의 삶 속에서 그분의 능력을 경험할 수 있다는 사실이다.**

    이 좋은 소식은 나에게서 비롯된 것이 아니다. 하나님, 바로 그분에게서 비롯된 것이다. 성경은 이 좋은 소식을 '복음'이라고 부른다. 복음이 좋은 소식인 이유는 사람들이 자신을 창조하신 분과 개인적인 관계를 깊이 맺을 수 있도록, 하나님이 하신 일들을 말해 주기 때문이다.

    이 책의 모든 내용은 다음 두 가지 사실에 근거하고 있다. 첫째, 인간은 하나님을 알도록 지음받았기 때문에, 하나님을 알기 전에는 진정으로 만족할 수 없다. 둘째, 성경은 우리가 하나님을 개인적으로 알 수 있는 방법을 말해 준다. 성경이 모든 것을 우리에게 말해 주는 것은 아니지만, 하나님과 바른 관계를 맺기 위해 알아야 할 모든 것을 말해 준다. 우리를 지으신 하나님은 우리보다 우리를 더 잘 아신다. 그렇기 때문에 우리는 그분의 말씀을 들어야 한다. 이 책에서 많은 성경 구절을 인용하지는 않지만, 내가 기록하는 것은 모두 성경에 근거하고 있다.

먼저 말하고 싶은 것이 있는데, 이 책은 지금 당신이 영적 여정의 어느 지점에 있든지 상관없이 유익할 것이라는 점이다. 사람들은 각각 다른 장소에서, 다른 모습으로 하나님을 만나고, 알게 된다. 진리를 찾아 헤매는 사람이 있고 의심하는 사람이 있으며, 회의론자인 사람도 있고 진정한 기독교가 무엇인지 모르는 사람도 있다. 교회 안에서 성장했지만 오래 전에 세상 속으로 떠내려간 사람도 있다.

이 책을 읽는 당신이 하나님을 알고 싶어 한다면, 그것만으로 충분하다. 자신을 종교적인 사람으로 여겨도 좋고 비종교적인 사람이라 생각해도 좋다. 오늘날 많은 사람이 영적인 문제에 깊은 관심을 가지고 있다(비록 그들이 종교 단체에 속해 있지는 않을지라도 말이다). 당신도 그런 사람이라면 이 책을 주의 깊게 읽기 바란다. 나는 바로 당신이 하나님과 개인적인 관계를 맺도록 돕기 위해서 이 글을 썼기 때문이다.

당신은 분명히 궁금한 것이 많을 것이다. 나는 그러기를 바란다. 솔직한 질문은 좋은 대답을 얻을 가치가 있기 때문이다. 아마 당신은 이런 것을 궁금해하지 않을까?

하나님은 어떤 분일까?

어떻게 해야 하나님을 알 수 있을까?

정말 내가 죄인이란 말인가?

어떻게 해야 죄를 용서받을 수 있을까?

예수님은 누구이며, 무슨 일을 하셨는가?

구원받기 위해서 반드시 해야 하는 일은 무엇인가?

그리스도인이 된다는 것은 무슨 의미인가?

어떻게 해야 하나님과 평화로운 관계를 맺을 수 있을까?

내가 천국에 가리라는 것을 어떻게 확신할 수 있을까?

성경에 나오는 이야기는 당신의 삶을 변화시킬 수 있는 좋은 소식이다. 나 자신에 대해, 나의 가장 깊은 문제들에 대해, 그것에 대한 하나님의 놀라운 해답에 대해 우리에게 말해 준다. 그뿐 아니라 우리에게 예수 그리스도의 인격을 제시해 주고 그분이 모든 인간에게 주시는 새 생명을 설명해 준다. 이것이 성경이 주는 최고의 소식이다. 성경에 의혹이나 의문을 품고 있는가? 그렇다면 마음을 열고 이 책을 읽은 후, 나의 글에 대해 스스로 결정을 내리기 바란다.

'하나님을 안다'는 개념이 의심스러운가? 그 마음 이해한다. 아마 신앙과 행동이 일치하지 않는 그리스도인들을 만났거나 조직화된 종교에 회의를 느낀 것은 아닌지? 가끔 그리스도인들이 기독교를 보여 주는 최악의 광고가 될 수 있다는 것을 솔직히 인정하지만, 적어도 이 책을 읽을 때는 선입견을 잠시 배제해 주었으면 한다.

혹시 예수님을 믿고 싶은 생각이 전혀 없는가? 그렇다면 이 책의 어떤 내용도 당신의 마음을 바꿀 수 없을 것이다. 나는 사람들을 기독교 신앙으로 끌어들이기 위해 논쟁하는 것은 좋지 않다고 생각한다. 영적 실체는 인식의 문제지 증명의 문제가 아니기 때문이다. 성경은 하나님이 성령을 통하여 그분께로 이끌지 않으면 누구도 그분께 나아올 수 없다고 말한다. 그러니 영원한 회의론자로 남고 싶다면, 걱정하지 않아도 된다. 이 책을 읽음으로 인해 당신의 의지와 상관없이 개종하게 되는 일은 없을 것이니 말이다.

그러나 이 책이 당신의 삶을 바꿀 수도 있다. 복음이 참으로 하나님에게서 온 좋은 소식이라면, 주 예수 그리스도를 통하여 하나님을 개인적으로 알게 될 때 우리의 삶이 극적으로 바뀌는 것은 전혀 놀랄 일이 아니다.

내가 다소 앞서 나가고 있는 것 같다. 지금까지 우리가 알고 있는 것은 이 책이 성경에 계시되어 있는, 하나님이 주신 좋은 소식을 담고 있다는 것이 전부다. 나머지 부분은 당신이 각 장을 천천히 읽으면서 숙고해야 얻을 수 있다. 이쯤에서 성령의 인도하심을 구하는 간단한 기도를 제안하겠다. 이 기도를 한 구절씩 천천히 읽어 보라. 그리고 이 기도가 당신 마음의 갈망을 표현하고 있다면 이 내용대로 조용히 기도하라.

오 하나님, 저는 하나님을 알기 원합니다. 하나님께서 참으로 살아 계시다면, 제게 친히 나타나 주십시오. 저 자신에 대한 진실을 제게 보여 주십시오. 저의 눈을 열어 주시고, 제 마음에 믿음을 일으켜 주십시오. 하나님의 진리를 받아들일 열린 마음을 주십시오. 제가 읽는 내용을 통해 말씀하시고, 하나님을 알도록 도와주십시오. 제 마음의 깊은 의문들이 하나님의 진리로써 해답을 얻게 하시고, 제가 전심으로 하나님을 찾도록 도와주십시오. 그리하여 제가 하나님을 발견하며, 또 제가 발견한 것으로 인해 만족하게 하여 주십시오. 아멘.

이렇게 기도하는 것을 두려워하지 말라. 하나님은 정직하게 그분을 찾는 사람을 결코 외면하지 않으시기 때문이다. 전심으로 하나님을 찾는다면, 당신은 그분을 발견할 수 있을 것이다. 만일 위의 기도문이 당신 마음의 갈망을 잘 표현하고 있다면, 그 위에 직접 서명을 하고 오늘 날짜를 적어 넣어도 좋다.

자. 이제 시작할 시간이다. 하나님을 아는 첫 단계는 그분이 진정 어떤 분이신지 더욱 자세히 알아내는 것이다.

> 믿음의 항해를 떠나는
> **한국 독자들을**
> 위하여

It is an honor to write this greeting to greeting to the special Korean edition of An Anchor for the Soul.

「믿음의 항해」를 통해 한국 독자들에게 특별히 서문으로 인사하게 된 것을 기쁘게 생각합니다.

The book you have in your hands is full of good news that can change your life.
Already this book has been used by God to lead many people to saving faith in the Lord Jesus Christ.

지금 당신 손에 들린 이 책은 당신의 인생을 바꿀 좋은 소식으로 가득합니다.

이미 「믿음의 항해」는 주 예수 그리스도 안에서 믿음으로 구원받고자 하는 많은 사람을 돕는 지침서 역할을 하고 있습니다.

Please notice that the book is laid out in a logical fashion.
Chapter 1 starts with God. Then in Chapter 2 we talk about who

we are. Chapter 3 introduces God's grace.

이 책의 논리적인 흐름에 주목해 주십시오.

1장은 하나님 알아가기로 시작합니다. 2장은 우리가 누구인지에 대해서 이야기합니다. 3장은 하나님의 은혜를 소개합니다.

Then in Chapter 4 we meet Jesus Christ. Chapter 5 brings us to his death on the cross for our sins. Chapter 6 explains how through faith we can be made right with God.

4장에서 우리는 예수 그리스도를 만날 것입니다. 5장은 그분이 우리 죄로 인해 십자가에서 죽으셨음을 말합니다. 6장은 믿음으로 인해 우리가 하나님과 올바른 관계를 맺을 수 있다는 것을 말할 것입니다.

Chapter 7 helps us understand the nature of saving faith. In Chapter 8 we come to face to face with the most decision anyone can ever make coming to Christ for salvation. The final chapter helps us get started in the Christian life.

7장은 구원 얻는 믿음의 속성을 이해할 수 있도록 도와줄 것입니다. 8장에서 우리는, 구원받기 위해 그리스도께 나아가는 사람이라면 누구나 해야 하는 결정의 순간에 도달하게 됩니다. 마지막 장은 그리스도인의 삶을 다시 시작할 수 있도록 우리를 인도해 줄 것입니다.

Everything you are about to read is based on the Bible, the Word of God. I hope you will read it carefully and then share this book with a friend. I pray that you will meet Jesus personally as you read An Anchor for the Soul.

당신이 읽는 모든 구절 구절은 하나님의 말씀인 성경에 기초를 두고 있습니다. 이 책을 꼼꼼히 보고 친구와 함께 나누시면 정말 좋겠습니다. 당신이 「믿음의 항해」를 읽고 예수님과 친밀하게 만나게 되기를 기도합니다.

God bless you!
하나님의 축복이 임하시기를!

Ray Pritchard
Oak Park, Illinois USA
미국 일리노이 오크 파크에서
레이 프리처드

이제 **시작**이다!

POINT

당신의 마음에는 채워지지 않는 갈망이 있습니다.
그 어떤 것으로도 채울 수 없고, 만족할 수 없는,
하나님이 빚으신 공백이 있습니다.
그러나, 기뻐하십시오.
세상 모든 만물을 지은 하나님이
당신에게 관심이 있으시므로.
그분이 당신을 부르시고, 찾으시고,
원하시고, 사랑하시므로.

삼위일체는 천국의 산수입니다. 나는 지금 천국의 산수를 완전히 이해한다고 감히 말할 수 없습니다.

-대니얼 웹스터

30초의 시간을 주겠다. 하나님을 20단어 내외로 정의해 보라. 정의할 수 있는가, 못하겠는가? 겨우 20단어로, 그것도 30초만에, 너무 어려운가? 그럼 좋다, 20만 단어와 30년의 시간을 준다고 치자. 그러면 쉽겠는가? 그러면 진리에 더 가까이 다가갈 수 있을 것 같은가?

하나님은 우주의 근본이시다. 그러므로 우리는 감히 그분을 '정의 내릴' 수 없다. 그러나 이렇게는 말할 수 있을 것이다. 하나님을 아는 것은 인생에서 가장 중요한 일이라고. 30년이나 40년, 50년, 혹은 80년을 살고도 하나님을 모른다면, 당신이 인생을 달리 어떻게 살았는지는 중요하지 않다. 하나님을 모른다면 당신은, 자기 존재 이유 바로 그것을 깨닫지 못한 것이다. 하나님을 아는 데 실패한다면 우주의 중심이 되는 실체를 깨닫지 못한 것이다. 당신을 지으신 그분을 아는 것과 비교하면, 다른 모든 것은 부스러기에 불과할 뿐이다.

우리의 필요: 우리를 창조하신 하나님을 아는 것

인간은 하나님을 알도록 지음받았다. 우리 안에 있는 무언가가 그분을 알기를 간절히 원하고 있다. 인간은 본능적으로 신앙을 추구하는 존재라는 뜻이다. 그렇기 때문에 모든 인간 공동체는 더 고등한 힘에 대한 개념, 초자연적인 실체에 대한 통찰력이 있다고 할 수 있다. 그것은 과학이 세상에서 종교를 근절시키지 못하는 이유가 된다. 과학 기술의 성취가 인간의 마음속에 있는 가장 깊은 욕구를 충족시킬 수 없기 때문이다. 그래서 수많은 사람은 매일 아침 오늘의 운세를 찾아 읽고, 미래를 가르쳐 준다는 운세 상담 전화를 이용한다.

누구나 동의하는 인생의 가장 근본적인 세 가지 질문을 해 보자. 나는 어디서 왔는가? 나는 왜 여기 있는가? 나는 어디로 가고 있는가? 우리는 그 대답을 찾기 위해 돈을 쓰고,

책을 사고, 테이프를 듣고, 세미나에 참석하며, 먼 거리를 여행하기도 한다. 몇 년 전에는, 한 여인이 천국을 보고 왔다고 주장하는 책이 베스트셀러에 올랐고, 구약 성경의 히브리어 본문 속에 감추어진 메시지를 알아냈다고 주장하는 책이 수십만 부씩 팔리기도 했다. 사람들은 영적인 진리에 굶주려 있다. 그리고 정상적인 방법으로 그것을 발견할 수 없을 때는, 대답을 제시한다고 주장하는 어떤 사람이나 대상에게 손을 내밀 것이다.

이는 동서고금을 막론한 진실이다. 모든 사람은 외모와 배경, 언어, 습관이 각기 다르지만, 더 깊이 들어가면 모든 사람이 본질적으로 동일하다. 똑같은 열망과 후회, 꿈과 소망을 지니고 있다. 사랑하고 사랑받고픈 똑같은 욕구를 지니고 있다. 죽은 후에 기억되기를 바라는 똑같은 갈망을 가지고 있다. 그리고 가장 중요한 것, 우리를 만드신 신이 반드시 있을 것이라는 똑같은 지각을 가지고 있다.

그렇다. 우리는 하나님을 알도록 지음받았다. 우리는 그분을 알아야 한다. 하나님은 우리가 그분을 알게끔 만드셨다. 하나님은 우리가 그분을 알기 원하도록 의도하셨다. 우리 내면의 빈 곳을 하나님으로 채우지 않는 한, 우리는 결코 행복해질 수 없도록 만드셨다. 모든 사람은 그 내면에 '하나님이 빚으신 공백'을 가지고 있다는 유명한 말 그대로다. 하나님께로 향하지 않는 사람은 자신이 만든 우상이나 조상들의 악령들로 그 공백을 채울 것이다. 우리 안에 있는 그 무엇이 궁극적인 의미를 추구하도록 우리를 몰아가기 때문이다. 우리 내면에 있는 그 '무엇'은 하나님이 거기에 두신 것이다. 어거스틴은 자주 인용되는 기도를 우리에게 주었다.

"하나님은 그분 자신을 위해 인간을 지으셨으며, 우리의 마음은 하나님 안에서 쉼을 찾기까지는 쉴 수 없습니다."

하나님의 바람: 우리는 그분을 알아야만 한다

우리가 그분을 알기를 하나님이 원하신다는 사실을 보여 주는 것이 성경이다. 어떻게 보면 그것이 성경의 주제라고 할 수 있다. 하나님이 어떻게 우리를 사랑하셨는지, 인간은 어떻게 그분께 반역했는지, 그런 인간들을 구하시기 위해 하나님은 무엇을 하셨는지가 성경의 주제인 것이다. 이야기는 아주 명료하다. 하나님은 선지자와 제사장 같은, 다양한 종류의 사자(使者)들을 보내셨다. 또한 글로써 우리에게 메시지를 보내셨다. 그러나 인간은 하나님과 관계 맺기를 전혀 원하지 않았다. 그분의 메시지를 무시했고, 때로는 그분의 사자들을 죽이기도 했다. 그래서 하나님은 마지막 카드로, 그분 사랑의 궁극적인 표현으로, 그분의 아들인 예수 그리스도를 우리에게 보내셨다. 그러나 우리는 그분도 죽였다. 그러나 하나님은 예수님의 죽음으로 모든 사람이 용서받을 길을 마련하셨다.

잠시 이야기의 맨 처음으로 돌아가 볼까? 하나님은 세상을 처음 창조하셨을 때, 아담과 하와를 "그분의 형상을 따라" "그분의 모양대로" 만드셨다. 이 간단한 구절에는 우리를 위한 의미 있는 사실이 가득하다. 하나님의 형상으로 지음받은 우리 안에는, 하나님께 반응하는 그 무엇이 있다는 의미다. 당신과 나는 하나님을 개인적으로 알도록 만들어졌다. 개는 기도하지 않는다. 새는 예배하지 않고, 물고기는 찬양하지 않는다. 그러나 우리는 한다. 왜 그런가? 모든 인간의 마음속에는 '하나님에 관한 자각'이 있기 때문이다. 우리로 하여금 하나님 알기를 원하게 하고, 우리의 존재 이유를 열심히 찾도록 만드는 것이 바로 이 '하나님에 관한 자각'이다.

아버지를 갈망하는 사람들

그런데 이 이야기에는 또 다른 내용이 있다. 아담과 하와가 에덴 동산에서 범죄한 이래, 각 사람 안에 있는 하나님의 형상은 죄로 말미암아 훼손되었다. 한번 상상해 보자. 우리 모두에게는 커다란 글씨로 '하나님의 형상'이라 쓰여진 종이가 한 장씩 있다. 아담과 하와가 범죄하기 전에는 깨끗하고 매끄러운 종이였다. 그러나 지금 우리가 갖고 있는 종이는 구겨지고 더러워졌으며, 찢어졌다. 그러나 그 종이가 아예 사라져 버린 것은 결코 아니다. 온갖 실패를 겪긴 했지만, 우리는 여전히 하나님을 알기 원하고 여전히 삶의 의미를 찾기 원한다. 단지 바라봐야 할 곳을 모를 뿐이다.

우리에게는 일종의 '아버지에 대한 갈망(Father hunger)'이 있다. 이 말은 강하면서도 자상한 아버지가 없는 가정에서 자란 아이들의 마음을 묘사할 때 사용된다. 그런 아이들의 아버지는 일찍 돌아가셨거나 가족을 버렸을 수도 있다. 아니면 너무 바빠서 가족을 위해 전혀 시간을 내지 못하는 수도 있다. 아버지가 아이들을 거의 모르기에, 아이들은 아버지의 약간의 사랑이나 동의라도 얻어내려고 필사적으로 애를 쓴다. 그런 아이들은 절박하게 아버지를 원하며, 때로는 그 빈자리를 채워 줄 누군가(혹은 무언가)를 찾게 된다.

그러나 넓은 의미로 보면 이는 모든 인간의 이야기다. 우리는 하나님을 알도록 지음받았기에 그분을 알기 원하지만, 죄가 하나님과 우리를 분리시켰다. 그 결과로 우리는 사라지지 않을, 깊은 '아버지에 대한 갈망'을 지니게 된 것이다.

우리의 추구: 온갖 그릇된 장소에서

그래서 우리는 어떻게 하고 있는가? 대중가요 가사처럼 온갖 그릇된 장소에서 사랑을 찾고 있다. 이것을 연필 하나와 종이 한 장을 사용하여 설명할 수 있다. 종이의 오른쪽 편에 절벽을 그리고 '하나님'이라고 쓰라. 왼쪽에 절벽을 그리고 '우리'라고 쓰라. 두 절벽 사이에 있는 간격에 '죄'라고 쓰라. 이것이 우리 모두가 직면한 문제다. 우리는 이편에 서 있고, 하나님은 저편에 서 계시며, 하나님과 우리 사이에는 죄가 자리잡고 있다. 내면 깊숙한 곳에 있는 그 무엇이 우리에게 말한다. 너를 지으신 하나님과 함께 저편에 속하라고. 그래서 우리는 그 거대한 구렁을 가로지르는 다리를 만들기 시작한다.

이제 '우리' 편에서 선들을 그어 '하나님' 편을 향해 가다가, 두 절벽 사이의 어떤 지점에서 멈추게 하라. 각각의 선들은 우리가 하나님께 돌아가는 길을 찾고자 시도하면서 만든, 인간의 '다리'다. 한 다리에는 '돈'이라고 이름 붙이고, 다른 하나에는 '교육', 다른 것들에는 '선행', '성(性)', '권력', '과학', '성공', '인정', '인간관계', '종교'라고 각각 이름 붙이라. 원하는 만큼 얼마든지 많은 다리를 만들 수 있다. 그러나 그 다리들은 결코 건너편에 다다르지 못한다. 그 선들은 모두 중간에서 끊긴다. 이는 당신이 있는 곳에서 시작하면 결코 하나님에게 갈 수 없다는 진리를 설명해 준다. 어떤 길을 택하든지 거대한 구렁에 빠져서, 마침내는 현실이라는 삐죽삐죽한 바위들 위에서 파멸하고 말 것이다.

이 세상 어떤 것도 우리의 갈망을 만족시킬 수 없다. 이 세상 어떤 것도 우리를 하나님께 돌아가게 할 수 없기 때문이다. 우리에게 필요한 대답은 이 세상 밖에서 우리에게 와야만 하는 것이다.

솔로몬이라는 현자는 이미 3천 년 전에 인생의 의미에 대한 해답을 발견하러 나섰다. 그는 전도서라고 불리는 성경의 한 책에 자신이 발견한 것을 기록했다. 처음 두 장에서 그는 자신의 엄청난 실험에 관해 이야기한다. 솔로몬은 건물

들을 건축하고 거대한 정원들을 조성하고 잔치를 베풀고 막대한 부를 쌓았다. 책들을 모으고, 어마어마한 지식을 머리에 축적했다. 원하는 것은 무엇이든지, 자신을 위해 손에 넣었다. 그가 해 보지 않은 것은 아무것도 없었다. 그는 인생의 의미를 탐구하기 위해 모든 것을 시도했다.

그러나 솔로몬은 자신의 발견을 네 단어로 간단히 말한다. "나는 산다는 일이 싫어졌다"(전도서 2:17, 공동번역). 모든 것을 다 해 봤지만 그 어떤 것도 만족을 주지 못할 때, "그곳에도 가 봤고, 그 일도 이미 했어" 하며 확신을 갖고 침착하게 말할 수 있지만 여전히 내면에 공허함을 느낄 때, 당신이라면 어떻게 하겠는가? 솔로몬의 결론은 모든 세대를 위한 최종적인 판단이 될 수 있다.

여기에 우리의 문제가 있다. 하나님은 우리가 하나님을 알도록 지으셨다. 모든 사람 안에는 우리를 지으신 그분을 추구하게 만드는 '하나님이 빚으신 공백'이 있다. 그런데 우리가 온갖 그릇된 장소에서 찾아 헤매고 있기 때문에, 결코 그분을 발견할 수 없다. 하나님에 대한 영원한 갈망이 충족되지 않고 있다.

하나님의 해결책: 우리가 하나님을 알도록 지으셨다

결국 다음과 같은 위대한 진리가 남게 된다. 하나님이 자신을 우리에게 드러내 보이시지 않는 한, 우리는 하나님을 알 수 없다. 아무리 노력해 봐도, 존재하는 것 같지만 발견할 수 없는 신을 추구하며 결국 무지로 인생을 마치게 되는 것이다. 그러나 하나님은 우리가 영원히 무지 속에서 살도록 버려 두지 않으셨다. 하나님은 네 가지 중요한 방법으로 자신을 드러내 보이셨다.

만물로—모든 사람이 이것을 본다.
인간의 양심으로—모든 사람이 이것을 가지고 있다.
기록된 하나님 말씀인 성경으로—모든 사람이 이것을 아는 것은 아니다.
하나님의 아들 예수 그리스도로—모든 사람이 이 사실을 이해하는 것은 아니다.

마지막 계시가 가장 중요하다. 예수님은 '성육신하신 하나님', 즉 인간의 육체를 입으신 하나님이다. 세상에 오신 예수님은 신인(God-Man), 완전한 하나님이면서 동시에 완전한 인간이셨다. 예수님은 하나님의 최고 계시다. 당신이 만일 예수님을 보았다면, 하나님을 본 것이다. 하나님이 어떤 분인지 알고 싶다면 예수님을 바라보라.

하나님에 관한 몇 가지 사실

성경은 하나님이 어떤 분이며 어떻게 자신을 계시하셨는지에 대해 많은 사실을 알려 준다. 여기서는 하나님에 대해 알아야 할 여섯 가지 사실을 소개하겠다.

첫째, 하나님은 삼위(三位)로 영원히 존재하신다. 하나님에 관한 진리는 그분이 성부, 성자, 성령으로서 영원히 존재하신다는 사실에서 시작된다. 이 말은 성부도 하나님이요 성자도 하나님이요 성령도 하나님이되, 세 분의 신이 존재하는 것이 아니라 오직 한 분 하나님만 계시다는 것을 의미한다. 성부는 성자가 아니며, 성자는 성령이 아니고, 성령은 성부가 아니다. 그러나 각 위(位)는 개별적으로 하나님이시면서 다함께 성경이 말하는 한 분 참 하나님이시다. 이것을 성삼위일체(聖三位一體) 교리라고 한다.

우리는 삼위일체설로 인해, 우리의 지성이 이해할 수 있는 것보다도 훨씬 위대하신 하나님께 겸손히 경배를 드리게 되었다. 우리에게는, 우리의 구원을 위해 필요한 모든 것을 공급하시는 하나님이 계시다. 우리가 죄에 빠져 있을 때, 삼위 하나님 모두 우리를 구원하기 위해 일하셨다. 성부는 성자를 주셨고, 성자는 자신을 십자가에서 드리셨으며, 성령은 우리를 예수님께로 이끄신다.

둘째, 하나님은 주권자이시다. 하나님은 우주에서 가장 순전하고 순수하며 가장 근본이 되는 분이시다. 그분은 비인격적인 힘이 아니라 인격적인 하나님이시다. 하나님은 시간과 타락과 부패에 영향을 받지 않는 무한한 분이시다. 하나님은 영원하시기 때문에 우주 어느 곳에든지 항상 존재하신다. 하나님은 존재하는 모든 것의 근원이시며 다른 모든 힘의 배후에 있는 힘이시다.

하나님의 성품은 변하지 않기에 전적으로 신뢰할 수 있다. 하나님은 말씀하신 바를 반드시 행하신다. 유일하게 우주에 존재하는 진정한 '자유 의지'이신 하나님은 무엇이든지 그분이 기뻐하는 대로 행하신다. 그러나 결코 변덕스런 방식으로 행하지 않으신다. 오직 그분 자신의 완전한 성품에 일치하도록 행하신다.

하나님은 거룩하시다. 전적으로 순전하시고 모든 악에서

자유하시며, 흠이나 오류가 없이 온전하다는 뜻이다. 거룩은 하나님을 하나님 되게 하는 것이다. 하나님은 결코 자신의 기준을 낮추지 않으시며 타협하지 않으신다. 하나님이 하시는 일은 모두 옳고 공정하며 선하다. 하나님 안에는 거짓이 없기에 그분에게서 거짓이 나올 수 없다. 하나님 자신이 옳고 그름의 최종적인 기준이시다. 그러므로 하나님이 당신과 나에 대해 말씀하시는 모든 사실은 100% 진실이다.

셋째, 하나님은 만물을 창조하셨다. 하나님은 존재하는 모든 것을 계획하셨다. 창조에 착수하셨고, 만물을 친히 만드셨다. 천지만물은 우연히 생긴 것도, 혹은 세포들이 임의로 충돌하여 생긴 것도 아니다. 무작위적인 진화의 산물이 아니라는 말이다. 하나님의 말씀으로 인해 천지만물이 존재하게 되었다. 하나님은 만물-생물과 무생물-의 근원이 되는 분이시다. 만물은 하나님에게 지음받았고, 지금 이 순간까지도 하나님의 능력 있는 말씀으로 인해 존재한다. 이 말은 하나님이 친히 당신을 지으셨다는 것, 당신을 이 세상에 존재하게 하신 이유가 있다는 것, 그러므로 당신 삶의 최고 목적은 당신을 지으신 하나님을 아는 것이라는 의미다. 잠시 이 사실을 생각해 보라. 무엇이든 창조하실 수 있는 하나님이 당신을 창조하셨다는 것을! 그리고 그 하나님이 바로 당신을 개인적으로 알고 싶어 하신다는 것을!

넷째, 하나님은 그분의 형상으로 당신을 지으셨다. 당신은 하나님을 알도록 지어졌다. 당신 안에 있는 그 무엇이 당신을 창조하신 하나님 알기를 열망하고 있다. 그 열망은 내면 깊숙이 감추어져 있을 수도 있고, 이 순간 당신이 느낄 수 있을 정도로 내면에서 불타고 있을 수도 있다. 아마 당신은 그것을 감추거나 이 세상의 것들로 그 갈망들을 만족시키려 애썼을지 모른다. 그러나 그럴 수 없다. 당신은 이 세상의 어떤 것으로도 만족시킬 수 없는 욕망들을 지니도록 지어졌기 때문이다. 오직 하나님만 당신 마음속에 있는 구멍을 메우실 수 있다. 오직 하나님만 당신이 사랑받기 원하는 방법으로 당신을 사랑하실 수 있다.

다섯째, 하나님은 당신에 대한 모든 것을 아신다. 신학자들은 이것을 '전지(全知)'라고 부르는데, 간단히 말하면 하나님은 과거와 현재, 미래의 모든 것을 아신다는 의미다. 하나님은 세상 어느 곳에서 발생하는 어떤 일에도 놀라지 않으신다. 그분이 모르시는 것은 없다. 물론 당신의 은밀한 생각들과 당신의 꿈, 이루어지지 않은 욕망도 다 아신다. 하나님은 당신이 말하기도 전에 그 말을 아시며, 당신이 생각하기도 전에 그 생각을 아신다. 하나님은 당신이 지난밤 어디에 있었는지, 누구와 함께 있었는지 아신다. 당신 인생의 모든 이야기, 선한 것과 악한 것, 아름다운 것과 추한 것 모두 아신다. 다른 어느 누구도 알지 못하는 은밀한 일들까지 아신다. 하나님은 그것들을 모두, 완전하게 알고 계신다.

여섯째, 하나님은 당신에게 관심이 있으시다. 성경은 "하나님은 사랑"이시라고 말한다. 하나님은 완전하고 무한하며 무조건적인 사랑이시다. 아낌없이 사랑을 베푸는 분이시다. 그 사랑은 선행에 대한 보상이 아니다. 하나님의 사랑을 '획득할' 자격이 있는 사람은 한명도 없기 때문이다. 하나님의 사랑보다 더 큰 선물은 있을 수 없으며, 우리는 이 인생 최대의 선물을 받을 자격이 없다. 그러나 성경은 하나님이 사랑스럽지 않은 자들을 사랑하셨다고 선포한다. 우리는 하나님께 주먹을 흔들었고 그분께 죄를 범했다. 깜짝 놀랄 만한 소식은 하나님이 그분의 원수까지도 사랑하신다는 것이다. 우리가 죄인이었을 때에, 하나님은 자기 아들을 세상에 보내어 우리를 위해 죽게 하심으로써 그분의 사랑을 확증하셨다.

우리는 그토록 우리를 사랑하시는 하나님을 알아야만 한다. 이러한 하나님을 모르면 우주의 영원한 진리를 깨닫지 못한다. 그것은 마치 파리에 여행 가서 다른 것은 다 보고도 정작 에펠 탑은 보지 못한 것과 같다. 그것은 마치 월드컵 경기장에 가서 다른 것은 다 보고서도 정작 축구 경기는 보지 못한 것과 같다.

하나님이 없다면 아무것도 아니다

내가 아는 한 젊은이의 이야기로 이 장을 끝내려 한다. 그는 스물여섯의 젊은 나이로 세상을 떠났다. 기독교 가정에서 자랐지만, 10대와 20대 초반까지 반항과 영적 탐색의 기간을 겪었다. 그러나 의사들이 뇌종양을 발견했을 때 그의 삶은 변했다. 수술 후 잠시 호전된 듯했으나 재발했다.

시간이 지나면서 그의 육체는 쇠해 갔지만 믿음은 성장해 갔다. 그는 이전과는 완전히 다르게 하나님을 추구하기 시작했다. 하나님의 말씀을 달게 느꼈다. 많은 친구에게 담대히 복음을 증거했다. 자기의 남은 삶에 상관없이, 하나님이 자신을 사용하셔서 다른 사람들에게 복음을 전하게 하심으로써 사람들을 그리스도께 인도할 수 있게 해 달라고 간구했다.

그의 장례식 때, 그의 여동생이 앞에 나가서 자기가 얼마나 오빠를 사랑했는지, 또 어린 소녀인 자신이 얼마나 오빠를 닮기 원했는지, 그리고 때로 그가 얼마나 분노했는지 이야기했다. 여동생은 모든 것을 바꾸어 놓을 정도로 심오한 오빠의 변화를 깨달았다. 그는 진정 삶이 무엇인지 이해했다는 것을 말이다. 그녀는 이렇게 말했다. "하나님이 없다면 삶은 아무것도 아닙니다." 그는 오래 사는 것, 돈을 모으는 것, 성공하는 것이 중요하지 않다는 것을 온몸으로 여동생에게 보여 준 것이다. 그런 그의 믿음은 하나의 단순하고 명료한 메시지를 전했다. **하나님이 없다면 삶은 아무것도 아니다.** 여동생은 그토록 젊은 오빠가 삶의 의미를 이해했다는 사실이 놀라웠다. 그리고 하나님이 없다면 삶은 아무 것도 아니라는, 무엇보다 중요한 진리를 자기에게 남겨 준 오빠에게 감사했다.

몇 분 후 나는 메시지를 전하려고 일어섰지만 말을 제대로 할 수 없었다. 그저 그녀가 한 말을 한 번 더 되풀이했을 뿐이다. "하나님이 없다면 삶은 아무것도 아닙니다."

그리고 나서 그 말씀을 이렇게 적용했다. "당신이 80년을 살고도 그 진리를 발견하지 못한다면, 자기 존재의 진정한 이유를 깨닫지 못한 것입니다. 수억을 벌고, 수많은 친구를 사귀고, 사람들의 칭송을 받으며 모든 것을 소유한다 해도, 이 기본적인 진리를 이해하지 못한다면, 당신은 여전히 영적으로 유치원생일 뿐입니다."

당신은 삶이 대체 무엇인지 깨달았는가? 하나님이 없다면 삶은 아무것도 아니다. 그 외의 모든 것은 사소할 뿐이다. 당신을 지으신 하나님을 아는 것은 삶에서 가장 중요한 일이다. 그것은 다른 모든 것에 의미와 목적을 부여한다. 당신이 하나님을 모른다면, 다른 어떤 것도 중요하지 않다.

그러므로 우리가 해야 할 질문은 이것이다. "당신은 하나님을 아는가? 만일 그렇지 않다면, 그분을 알기 원하는가?" 좋은 소식은 당신이 하나님을 알 수 있다는 것이다. 그러나 그 좋은 소식을 접하기 전에, 먼저 나쁜 소식을 직시해야만 한다. 그것은 바로 다음 장에서 말할 것이다.

당신에 관한 진리

POINT

인류는 어딘가 잘못되었다.
그 사실을 부인할 수 있는 사람은 아무도 없다.
세상은 엉망진창이다. 모든 사람은 그 사실을 안다.
세상이 엉망진창인 이유는 우리 자신이 엉망진창이
되었기 때문이다.
문제는 '저 밖에' 있는 것이 아니다.
'우리 안에' 있다.
세상이 악한 이유는 우리가 악하기 때문이다.
세상이 흉악한 이유는
악이 우리 내부에 잠복해 있기 때문이다.

> 농약 병에 오렌지 주스라고 이름표를 붙인다 해서 농약이 오렌지 주스가 되는가? 그걸 마시면 죽을 것이다. 뭐라고 부르든지 간에, 독은 독일 뿐이다.

몇 년 전, 친구가 지역 신문 부고란에서 오린, 약간 이상한 정보를 담은 기사를 건네주었다(1992년 2월 25일 자 「시카고 트리뷴」지였다). '도청꾼 팔푼이(Wally the Wiretapper)'가 사망했다는 기사 같았다. 보통 이런 기사를 주의해서 읽지 않았는데, 읽어 보니 '도청꾼 팔푼이'는 평범한 도둑이 아니었다.

그 기사는 그를 "갖가지 범죄에 관여한 전설적인 시카고의 중죄인"이라고 칭했다. 그는 의뢰인들을 위해 전화를 도청했다고 순순히 자백했다. 그 의뢰인 중에는 악명 높은 조직 폭력 단원들이 다수 포함되어 있었다. 그는 분명 전문가였다. 범죄 세계에서 활동하면서 특히 보험 회사 횡령, 연방 정부 직원 사칭, 경마 조작 등의 죄를 범했다. 경마 조작 경우에는 전자 장비를 이용하여 다른 도시들에서 이미 치러진 경기에 돈을 거는 수법을 썼다.(이 수법은 〈스팅〉에서 폴 뉴먼과 로버트 레드포드가 훌륭히 해낸 계략이 아닌가!)

그렇게 오랫동안 범죄 활동을 할 때, 그는 헐리우드 관계자에게 그의 생애를 영화로 만드는 것이 어떻겠냐는 제안을 받았다. 그러나 그가 함께 상의한 조직 폭력단 친구들은 반대했다. 그는 나중에 이렇게 말했다. "조직 폭력단에 있는 친구들은, 만일 내가 죽는다면 그 영화 수익금을 어떻게 사용할 것인지 물었습니다. 나는 그 말뜻을 알아차렸고 시나리오 작가에게 다시는 만나지 말자고 했지요."

나는 그의 본명이 월터 듀이 프리처드(나와 성이 같다!)라는 것을 알게 되자 그의 이야기에 매료되었다. 프리처드는 각 주를 돌아다니며 공갈죄를 저지른 후, 1984년에 형을 선고받았다. 그때 재판장은 이렇게 평했다. "프리처드 씨가 괜찮은 친구라는 것을 제외하고는, 감형할 만한 어떤 이유도 찾지 못했습니다." 이 사건은 나에게 어쩌면 팔푼이와 내가 친척일지도 모른다는 생각을 하게 했다. 물론 내가 아는 한 직접적인 연관은 전혀 없지만, 충분히 거슬러 올라가 촌수를 네 번 정도 건너뛰면, 그가 정말 나의 아저씨일 수도 있지 않을까.

⚓

내 생각은 여기서 멈추지 않았다. 그 문제를 곰곰이 생각하다가 나는, 이 이야기가 나에 관한 것일 수도 있다는 사실을 깨달았다. 팔푼이 '아저씨'와 나 사이에는 내가 인정하고 싶어하는 것 이상의 공통점이 있다. 더 깊이 생각하니 낙담할만한 결론이 나왔다. 재판장이 도청꾼 팔푼이에 대해 말한 것, 그것은 나에 대한 말일 수도 있다는 것이다. "저는 프리처드 씨가 괜찮은 친구라는 것을 제외하고는, 그에게서 감형할 만한 어떤 이유도 찾지 못했습니다." 성경적인 관점에서 보면 이는 완벽하게 정확한 진술이다. 내게는 감형받을 만한 조건이 전혀 없는 것이다.

죄는 어떻게 되었는가?

이런 자아 비판이 지나치게 가혹해 보이지 않도록, G. K. 체스터턴(Chesterton)의 말을 깊이 생각해 보라. "여타의 것들이 참이든 거짓이든, 이 한 가지만은 확실하다. 인간은 원래 의도되었던 바 그대로가 아니다." 이에 대한 논쟁으로 많은 시간을 소모할 필요가 없다고 확신한다. 인류의 죄악성에 대해 의문이 있다면, 세상 어디라도 상관없다. 아무 신문이나 원하는 것을 집어서 앞면만 한번 훑어보라. 그 사실을 확신하게 될 테니 말이다.

정신 의학자 칼 메닝거는 *Whatever Became of Sin?*(죄는 어떻게 되었는가?)라는 획기적인 책을 저술했다. 그 질문에 대한 수많은 대답이 있지만 이 한 가지는 틀림없는 진실이다. 죄에게는 아무 일도 일어나지 않았지만, 우리에게는 무슨 일이 일어났다. 그러나 우리는 죄에 대해서 말하고 싶어 하지 않는다. 죄는 고상한 주제가 아니며, 상류 사회에서는 더욱 그러하다. 파티에 참석할 기회가 있거든 가서 '죄'라는 단어를 언급해 보라. 그러면 분명히 누군가 주제를 바꾸기 위해 매우 애쓰는 모습을 볼 수 있을 것이다.

그러나 그 주제를 회피한다고 해서 진실이 변하는 것은 아니다. 인류는 어딘가 잘못되었다. 그 사실을 부인할 수 있는 사람은 아무도 없다. 우리 모두 원래 지닐 수 있었던 모습 그대로가 아니다. 아무리 과학 기술의 성취를 뽐낸다 할지라도, 인간의 인간에 대한 잔학 행위는 항상 신문 앞면을 차지하고 있다. 세부 내용은 바뀌고 모습은 변하지만, 그 이야기는 항상 동일하다. 어떤 악한 것이 모든 사람의 마음속에 잠복해 있는 것이다. 죄에 오염되지 않은 사람은 아무도 없고, 면제받은 사람도 아무도 없으며, 참으로 무죄한 사람은 단 한 사람도 없다.

왜곡, 오염, 범죄 성향, 무엇이든 부르고 싶은 이름으로 불러도 좋다. 누군가가 언제, 어떻게, 어딘가에서 인간의 혈류 속에 독을 주입했다. 행해야 할 바른 일이 무엇인지 알고 있을 때조차도, 종종 서슴없이, 고의로, 반복해서, 반항하듯 잘못된 것을 행하는 이유는 바로 이 때문이다.

세상은 엉망진창이다. 모든 사람은 그 사실을 안다. 세상이 엉망진창인 이유는 우리 자신이 엉망진창이 되었기 때문이다. 문제는 '저 밖에' 있는 것이 아니다. 문제는 '우리 안에' 있다. 세상이 악한 이유는 우리가 악하기 때문이다. 세상이 흉악한 이유는 악이 우리 내부에 잠복해 있기 때문이다.

차 문 잠그는 것을 잊지 마세요

일반적으로 오늘날은 악을 나쁜 환경과 교육의 결핍, 혹은 빈곤의 결과라고 이야기한다. 대다수의 사람은 그런 것들만 개선하면 이 세상에서 악을 근절할 수 있을 것이라고 믿는다. 환경을 변화시킴으로써 사람들을 변화시킬 수 있기를 기대한다. 거기에 엄청난 액수의 돈을 쏟아 부었지만 그런 일은 일어나지 않았다. 앞으로도 일어나지 않을 것이다. 오늘날 사람들은 하이테크 범죄자 세대를 만들어 냈다. 그들은 이전보다 더 쉽게 더 많은 사람을 죽이는 법을 안다. 인종 차별은 여전히 존재하고 살인은 계속되며 범죄가 확산되고 국가들은 여전히 전쟁을 벌인다. 민족적인 폭력이 현대의 질서가 되어 버린 것 같다. 왜 이런 것인가? 인간의 마음 내면에 악이 자리잡고 있기 때문이다.

얼마 전, 나는 교인들에게 교회에 올 때 집이나 차의 문을 잠그는지 물어보았다. 거의 대부분 그렇다고 대답했다. 인간의 본성이 개선되지 않았기 때문에 애써 문을 잠그고 안전 장치를 고안하는 것이다.

우리의 문제는 죄다. 죄는 우리를 하나님에게서 분리시킨다.

죄의 본질은 무엇인가

죄는 무엇인가? 하나님의 의로우신 성품에 반하는 모든 것이다. 우리의 말이나 행동, 생각이나 상상, 계획, 그 무엇이든지 하나님의 완전한 기준에 미달하는 것은 다 죄다. 성경은 많은 단어로 죄를 묘사하고 있다.

죄는 무법(無法)이다. 이 말은 하나님이 성경에 정해 놓으신 기준들을 무시하거나 범하는 것은 무엇이든지 죄라는 뜻이다.

죄는 표적을 맞추지 못하는 것이다. 화살이 중심을 맞추기는커녕 아예 과녁을 벗어나게 쏘는 궁수를 상상해 보라. 죄는 우리로 하여금 삶의 방향을 잘못 정하게 하고, 하나님이 우리에게 기대하시는 표적을 벗어나게 한다.

죄는 위반이다. 이것은 하나님이 선하며 적합하다고 하신 한계를 넘어서는 것을 의미한다.

죄는 불법이다. 이것은 더욱 강한 뜻의 단어며, 고의적인 범죄를 의미한다. 이 말 속에는 미리 계획된 불순종의 의미가 있다.

죄는 기준에서 이탈하는 것이다. 이 말은 왜곡된 선택과 악한 행동, 깨어진 관계로 가득 찬 삶을 낳는 영혼의 비뚤어짐을 묘사한다.

죄는 영혼의 내면적인 추함과 관계가 있다. 죄는 우리의 생각과 꿈, 그리고 다른 누구도 볼 수 없는 감추어진 동기들을 포함한다. 그러나 하나님은 모든 것을 보고 계신다. 표면 아래서 그처럼 많은 일이 일어나고 있지만, 다른 사람의 눈을 피할 수 있고 심지어 자신에게서도 피할 수 있지만, 하나님을 피할 수는 없다. 우리의 모든 일은 그분의 전지하신 눈앞에 드러난다.

죄의 출처는 에덴 동산으로 거슬러 올라간다. 하나님은 아담과 하와에게 특별한 나무의 실과를 먹지 말라고 말씀하셨다. 그런데 뱀이 하와를 유혹했고, 하와는 그 실과를 먹은 후 아담에게도 주었다. 아담은 유혹을 당하지는 않았지만 어쨌든 그도 그 실과를 먹었다. 죄는 그 고의적인 선택을 통해서 이 세상에 들어온 것이다. 원래 아담은 불멸의 몸을 입은 살아 있는 영혼이었다. 그러나 그 사건 이후, 그는 죽을 몸을 입은 죽은 영혼이 되었다. 아담은 그저 자기 아내에게 과일을 받아서 먹었을 뿐이다. 영화처럼 천둥 번개가 치지도 않았고, 종소리나 무시무시한 배경 음악도 흐르지 않았다. 그러나 그 불순종한 행동에서 비참한 결과들이 흘러나와 역사를 물들였다.

신학자들은 이 사건을 '타락(The Fall)'이라고 부른다. 이 단어는 아담이 그 실과를 먹었을 때 무죄 상태에서 유죄 상태로 떨어졌다는 의미다. 그는 은혜에서 심판으로 떨어졌다. 생명에서 죽음으로 떨어진 것이다.

아담은 운전사, 우리는 승객

이 모든 일이 당신과 나와 무슨 관계가 있는가? 약간 신비한 방식으로, 당신과 내가 그곳에 있었다. 아담이 죄를 범할 때 당신과 나도 그와 함께 죄를 범했다. 이것이 가장 단순한 형태로 표현한 원죄(original sin)의 교리다. 아담이 죄를 범했을 때 우리도 죄를 범했다. 아담이 불순종했을 때 우리도 불순종했다. 아담이 타락했을 때 우리도 타락했다. 아담이 죽었을 때 당신도 죽었다. 역사적으로는 그 동산에 있지 않았다 하더라도 우리는 아담의 후손-그의 가계(家系)의 일원-이기 때문에 그가 행한 일로 인한 결말을 당하고 있는 것이다.

이렇게 예를 들어서 설명할 수 있다. 아담은 인류가 탄 버스의 운전 기사였다. 그가 버스를 낭떠러지 너머로 몰고 갔을 때, 우리도 함께 떨어진 것이다. 아담이 추락하는 비행기의 조종사였다고 말할 수도 있겠다. 우리는 그 안에서 영화나 보며 뒷전에 물러나 앉아 있었다 해도 변명이 될 수 없다. 아담이 추락하여 참사할 때, 우리도 모두 화염에 타 버리고만 것이다.

몇 년 전, 훌륭한 테니스 선수인 아서 애쉬(Arther Ashe)

는 심장 수술 때 수혈 받은 감염된 혈액으로 인해 에이즈에 걸려 죽었다. 그는 그 사실을 몰랐다. 의사도 몰랐다. 아무도 고의로 그런 일을 벌이지 않았다. 그러나 아서에게 주입된 피에는 치명적인 에이즈 바이러스가 있었다. 손쓸 방도는 전혀 없었다. 결국 감염된 혈액을 통해 발생한 에이즈는 아서의 목숨을 앗아 갔다.

아담이 범한 죄는 인간의 혈류(血流)를 감염시켰다. 죄의 바이러스가 인간의 피에 들어왔고, 그 결과 이 세상에 태어나는 모든 사람은 치명적인 죄의 바이러스에 감염된다. 모든 사람은 죄성을 지니고 태어나는 것이다.

우리 자신에 대한 이 무시무시한 진리를 직시하고 싶은 사람은 없을 것이다. 아담의 죄와 우리는 아무 상관이 없다고 항변하고 싶을 것이다. 내 친구의 아버지는 관절염이 있는데, 아들 셋도 역시 관절염이 있다. 그래서 그의 아버지는 아들들에게 종종 "너희들은 아버지를 잘못 만난게야" 하고 농담을 던진다고 했다. 우리는 육적으로나 영적으로 부모를 선택할 수 없다. 부모에게 물려받는 육체적인 특성도 우리의 선택 사항이 아니다. 마찬가지로 우리가 아담에게 죄성을 물려받은 것은, 족보를 충분히 추적하여 올라가면 모든 인종과 모든 가계의 뿌리에 아담이 있기 때문이다.

많은 사람은 '선', '중립', '악'을 가리키는 하나님의 전 압계 같은 것이 있다고 생각한다. 그리고 자신들의 영혼 상태를 가리키는 바늘은 중간 즈음에 위치해 있다고 생각한다. 지나치게 악하지도 선하지도 않은, 딱 중립이라고 말이다. 최선도 아니지만 그렇다고 최악도 아니라고 생각한다. 그러나 성경은 아담의 죄 때문에 우리 영혼 상태의 바늘이 확실하게 '악'을 가리킨다고 말한다. 우리가 사는 동안 바늘은 그 자리에 머물 것이다.

우리가 악을 행하기 때문에 악한 것이 아니다. 우리가 악하기 때문에 악을 행하는 것이다. 우리의 본성은 타락하고 부패했다. 그것은 우리가 아담에게 물려받은 것이다. 우리는 험난한 삶을 살도록 타고났다. 우리는 에덴 동산에서 잘못된 길로 향했고, 그 이후 계속 잘못된 길을 가고 있는 것이다.

그 일은 아담에게서 시작되었지만, 그에게서 끝나지는 않았다. 당신과 내 삶 속에 아직도 계속되고 있다. 아담은 최초의 죄인이지만 최후의 죄인은 아니다. 우리는 우리 선조의 선례를 따르고 있다. 그의 감염된 피를 공유하고 있기 때문이다.

죄가 푸른색이라면 어떻게 될까

여기까지 읽은 누군가 이렇게 말할 것이다. "함께 나눌 좋은 소식은 없습니까? 어떤 희망이라도 있습니까?" 물론이다. 엄청난 희망, 좋은 소식이 있다. 하지만 우리는 아직 그 소식을 들을 준비가 되지 않았다. 하나님이 주시는 희망의 경이로움을 충분히 인식하려면, 그 전에 우선 우리가 지닌 문제의 심각성을 이해해야만 한다.

그 문제는, 즉 죄의 문제는 얼마나 심각한가? 죄는 우리의 정신, 우리의 감정, 우리의 의지, 우리의 지성, 우리의 도덕적 이성, 우리의 의사 결정, 우리의 말, 우리의 행동, 우리 존재의 모든 부분을 감염시켰다. 우리 삶의 어느 한 부분도 죄의 영향을 받지 않은 부분이 없다. 누군가의 말처럼, "만일 죄가 푸른색이라면, 우리는 온통 푸르러질 것이다." 일부는 암청색이고, 일부는 하늘색이고, 일부는 밝은 청색일 수는 있겠지만, 모든 부분이 여러 가지 농도의 푸른색일 것이다.

성경은 우리에게 "의인은 없나니 하나도 없다"(로마서 3:10)는 하나님의 엄중한 선고를 보여 준다. 하나님이 하늘에서 내려다보셨지만 한 사람의 의인도 찾지 못하신다. 단 한 사람도 말이다. 어떻게 그럴 수 있을까? 60억이 넘은 사람들을 내려다보시는데, 어떻게 하나님을 기쁘시게 하는 사람을 한 명도 찾지 못하신다는 말인가? 너무 가혹한 판단을 하시는 것이 아닌가? 그러나 하나님은 우리의 기준과는 다른, 그분만의 기준으로 판단하신다. 사람들은 대부분 상대 평가를 한다. 이웃을 보고 비교하며 "나는 저 사람처럼 나쁘지는 않아"라고 자랑스레 말한다.

그러나 하나님은 그런 방식으로 판단하지 않으신다. 그분이 사용하시는 기준은 자신의 무죄한 완전함이다. 하나님은 우리를 그분 자신의 완전한 거룩, 그분 자신의 완전한 사랑, 그분 자신의 완전한 지혜, 그분 자신의 완전한 공의로 비교하신다. 하나님의 완전하심에 비교할 때, 그분이 보시기에 의로운 사람은 아무도, 단 한 사람도 없다.

썩어 버린 과일 바구니

우리가 참으로 의로운 남자나 여자를 발견할 수 있는 곳은 세상 어디에 있는가? 한 군데도 없다. 하나님의 관점에서 보면 이 세상에는 단 한 사람의 의인도 없다.

솔직히 이야기하자. 위의 말들을 읽어 보면 이 가혹한 결론을 거부하는 그 무엇이 우리 안에 있음을 발견하게 된다. 하늘에서 내려다보신 하나님은 철저하게 죄악에 물든 인류를 발견하신다. 우리는 마치 뜨거운 여름 태양에 썩어 버린 과일 바구니 같다. 하나님이 보시기에 우리는 모두 '썩어 있다.'

우리가 함께 사는 이 세상에는 다양한 인종과 배경, 언어, 문화가 존재한다. 이러한 차이점들은 나쁜 것이 아니다. 어떤 편을 무시하거나 비난해서는 안된다. 인류 안의 다양한 차이점들 중에는 높이 평가할 만한 것이 많다. 그러나 분명히 알아 둘 것은, 하나님이 보시기에는 '인류'라는 단 하나의 인종만 있을 뿐이라는 사실이다. 우리가 보기에는 아주 중요한 듯한 차이점이 그분에게는 전혀 중요하지 않다.

우리는 모두 아담의 후손이므로, 다른 사람들과 비교하여 지나친 교만이나 우월감을 지닐 자격이 없다. 모든 사람은 똑같은 위치에 있다. 하나님에게 창조되었고, 그분을 알도록 지음받았고, 철저히 타락했으며, 엄청나게 사랑받았다. 그리고 모두 예수 그리스도의 구원의 손길을 필요로 한다.

우리의 문제는, 다른 사람의 죄는 쉽게 고백하면서 자신의 죄는 교묘하게 돌려서 표현하는 것이다. 남이 거짓말하면 거짓말쟁이고, 내가 하면 '진실을 왜곡하는' 것이다. 남이 사기를 치면 사기꾼이지만, 내가 하면 '규칙을 약간 바꾼 것'이다. 계속 해 볼까?

당신은 울화통을 터뜨리고 있지만,
나는 의분을 발하는 것이다.
당신은 무식하게 욕설을 퍼붓지만,
나는 울분을 토하는 것이다.
당신은 나서기를 잘하지만,
나는 대단히 목표 지향적일 뿐이다.
당신은 탐욕스럽지만, 나는 용무에 충실할 뿐이다.
당신은 꾀병을 부리지만, 나는 정말 아프다.
당신에게는 고약한 냄새가 나지만,
나는 그저 '세속의 향취'를 풍길 뿐이다.

매사가 이런 식이다. 똑같은 행동을 해도 다른 사람은 비난하고 자기 행동에는 핑계를 대는 수많은 방법을 취하고 있다. 예수님이 "죄 없는 자가 먼저 돌로 치라"고 말씀하신 것은 당연하다. 모든 사람이 그 말씀을 따른다면, 세상에 팽배해 있는 비난은 급격하게 사라질 것이다.

얼마 전, 결혼 생활에 문제가 있는 한 친구와 이야기를 나눴다. 그의 주된 문제점과 그의 아내의 주된 문제점이 무엇인지 물었을 때, 내 친구는 씁쓸하게 웃으면서 아주 솔직하게 말했다. "서로 자신의 문제를 발견하는 것보다 상대의 문제를 훨씬 많이 발견하는 것이지." 나는 웃으면서 나 역시 마찬가지라고 인정했다. 나는 항상 자신이 매우 훌륭하다고 생각한다. 그것이 인간의 본성이다. 그렇지 않은가? 모든 사람에게는 위선적인 경향이 있다. 본능적으로 자신을 너무 쉽게 궁지에서 벗어나도록 하기 때문이다. 핑계를 다 대고 나면 다시 처음으로 되돌아간다. 우리는 모두 죄인이다.

당신의 지위가 하나님 앞에서 당신의 상태라는 현실을 변화시키지는 못한다. 아무래도 상관없다. 하나님이 보시기에 당신은 여전히 죄인이다.

길 잃고, 눈멀고, 노예 되어, 죽었다

이 모든 일은 우리를 어떤 상태에 처하게 했는가? 나는 성경의 자료를 이렇게 요약할 수 있다. 죄 때문에 우리는…

- **길을 잃었다** – 길을 잃었다는 것은 심각한 개인적인 위험에 처했다는 의미다. 왜냐하면 안전으로 나아가는 길을 찾을 수 없기 때문이다.
- **하나님과 분리되었다** – 죄는 하나님과 우리 사이에 커다

란 간격을 만들었다. 우리는 하나님을 알도록 창조되었지만, 죄는 하나님과 우리를 단절시켰다. 우리는 그것을 느낄 수 있다. 하나님과 우리 사이에는 두꺼운 벽이 가로막고 있으며, 죄의 산이 우뚝 솟아 있고, 발 밑에는 깊은 구렁이 있다. 그래서 불안한 것이다. 세상 어떤 것도 하나님에 대한 우리의 갈망을 충족시킬 수 없다. 우리가 구하고 찾으며 애쓰고 노력하는 이유도 이 때문이다.

- **눈이 멀었다** – 죄는 사물을 밝히 보는 우리의 능력을 파괴한다. 우리는 죄의 어둠 속에 살고 있다. 약하고 희미한 빛 한 줄기조차 우리에게 미치지 못한다.
- **죽었다** – 죽은 사람은 눈이 있어도 볼 수 없고 귀가 있어도 들을 수 없으며, 입이 있으되 말할 수 없고 발이 있어도 움직일 수 없다. 영적으로 죽은 사람에게는 하나님께 응답할 능력이 없다. 누군가가 그들을 소생시키기 전에는, 자신을 창조하신 하나님을 결코 알 수 없다.
- **노예 되었다** – 우리는 죄로 인해 정욕의 노예가 되었다. 심지어 우리 마음까지도 타락했다. 그대로 방치하면 거듭거듭 악행을 선택한다. 애써 노력해도 자신을 변화시킬 수 없다. 하나님은 "하지 말지니라"고 말씀하시는데, 우리는 "하겠습니다" 하고서는 자신을 혐오한다. 왜 그

러는가? 죄의 노예가 되었기 때문이다. 죄가 우리를 주장하고 다스리고 지배한다. 우리는 이상은 높지만 의지가 박약하며, 꿈은 크지만 행위가 작고, 소망은 고귀하지만 삶이 천한 사람들이다.

- **무력하다** – 이것은 앞에서 말한 모든 것의 논리적인 귀결이다. 길을 잃고, 눈이 멀고, 죽었고, 노예 된 사람은 참으로 무력하다. 그에게는 희망이 전혀 없다. 도움은 그가 아닌 다른 곳에서 와야만 한다.

첫걸음이 가장 힘들다

얼마 전 한 사람이 자신과 아내가 함께 하는 사역에 대한 이야기를 내게 편지로 보냈다. 그들의 목표는 알코올 중독과 싸우고 있는 사람들을 돕는 것이다. 그는 대부분의 알코올 중독자들이 가장 힘들어하는 과정은, 그들 자신에게 도움이 필요하다는 사실을 인정하는 것이라고 언급했다(그는 개인적인 경험에 비추어 이야기하고 있었다). 그는 알코올 중독자가 빠져 있는 그 혼란에 대해 아주 솔직해지는 것이 얼마나 어려운지 이야기했다. 반대로, 합리화하고 축소하고 핑계를 대고 일부는 말하지만 전부를 말하지 않는 경우가 얼마나 많은지도 이야기했다. 그 프로그램에 참여하고 있는 사람들은 당신에게 처음이 가장 힘들지만 가장 중요하다고 말할 것이다. 당신의 영혼 상태에 대한 나쁜 소식을 직시하지 않으면, 당신도 진정으로, 온전히 삶을 하나님께 내어 맡기고 그분의 도움을 요청할 수 없다.

죄는 우리를 무력하게 하고, 노예 되게 하였으며, 우리 자신을 전적으로 무능하게 만들었다. 그 사실을 인정하지 않으면 우리 삶은 절대 진정으로 변할 수 없다.

당신이 죄인이라는 말은 당신이 최악이라는 뜻이 아니다. 자신의 죄악된 성향의 가장 밑바닥까지 내려가 본 사람은 소수에 불과하다. 그러나 우리는 절대적인 완전이라는 하나님의 기준에 미달한다는 것을 인정해야만 한다. 설사 우리의 삶이 그럴듯해 보일지라도, 성경은 우리가 여전히 죄인이라고 말한다. 이것이 전 인류에 대한 하나님의 평가다.

최종 결론을 내리겠다. 당신은 죄 가운데 태어났다. 하나님과 분리되었고, 타락하고 부패했으며, 영적으로 죽었다. 육체적으로는 하루하루 죽어 가고 있지만 영적으로는 죽었다. 당신은 이전에 지은 모든 죄에 책임을 져야 한다.

당신은 커다란 고통 가운데 있다. 누군가가 당신을 돕기 위해 개입하지 않는 한, 당신은 결코 구원을 얻을 수 없다.

내 친구 여러 명은 암 때문에 아주 힘겨운 화학 요법 치료를 받고 있다. 대체로 화학 요법은 매우 불쾌한 경험이다. 재미로 그 치료를 받는 사람은 아무도 없다. "그렇지 않으면 죽습니다"라는 의사의 말 때문에, 그것이 유일하고 효과적인 치료법이기 때문에 받는 것이다. 죄가 영혼의 암이라면 복음은 하나님의 신적인 치료법이며, 유일한 치료법이다.

최근에 한 친구가 내게 시카고 고속도로 근처에 있는 광고 게시판에 대해 이야기해 주었다. 한 기독 병원의 심장병 서비스를 홍보하는 게시판에는 이렇게 쓰여 있었다고 한다. "그리스도는 심장 절개 수술의 일인자이십니다." 나는 그 병원을 모르지만, 그들이 내건 이름은 보장할 수 있다. 진정 예수 그리스도는 심장 절개 수술의 일인자이시다. 당신이 그분께 믿음으로 나아오면 그분은 당신에게 새 심장을 주신다.

복음은 좋은 소식이다. 그러나 먼저 나쁜 소식이 얼마나 나쁜지 깨닫기 전에는, 그 좋은 소식이 왜 그처럼 좋은 것인지 결코 이해하지 못할 것이다.

여전히 이 책을 읽고 있는가? 그렇다면 용기를 내라! 최악의 소식은 끝났으니 말이다. 좋은 소식이 이제 막 당신 앞으로 다가오고 있다.

놀라운 은혜

POINT

은혜는 매우 이상한 선물이다.
세상에 공짜는 없다고 배워 온 우리에게
은혜는 충격이다.
은혜는 받는 사람에게 아무 대가도 요구하지 않고
주는 사람이 모든 대가를 치르는 선물이다.
받을 자격이 없고 그것을 알지도 못하며,
고맙게 생각하지도 못하는 사람들에게 주어지는
이상한 선물이다.

"성경에 이렇게 기록되어 있습니다. '의인은 없다. 한 사람도 없다.'"

(로마서 3:10 표준새번역)

필립 얀시는 「놀라운 하나님의 은혜」라는 책에서, 은혜(grace)를 '최후의 위대한 단어'라고 언급했다. 그는 이 단어가 원뜻을 그대로 담고 있는, 영어 고어의 마지막 단어들 중 하나라는 의미로 말했다. '은혜'의 원뜻은 '분에 넘치는 하사품'이다. 얀시에 의하면, 우리는 기도할 때 하나님께 감사하기 위해서 '감사 기도를 드린다(say grace).' 다른 사람이 베푼 친절에 대해 '감사를 표한다(grateful).' 감사하는 마음을 나타내려고 '선물(gratuity)'을 주기도 한다. 대가 없이 거저 주어지는 것을 '공짜(gratis)'라고 부른다. '유예 기간(grace period)'에는 대출 기간이 지난 책을 연체료 없이 반납할 수 있다.

일반적으로 기독교는 최고의 은혜의 종교라고 한다. 그

말은 틀림없는 사실이다. 우리는 은혜에 대해 노래하고, 은혜에 대한 시를 쓰며, 교회와 아이들에게 '은혜'라는 이름을 붙인다. 그러나 이 모든 일에도 불구하고 우리는 은혜를 제대로 이해하지 못하며 종종 진실로 믿지 못하기도 한다. 매우 자주 그 단어를 사용하지만, 그 의미는 거의 생각하지 않는다. 이런 문제가 발생하는 이유 중 하나는 은혜 자체의 특성에 있다. 은혜는 수치스럽다. 수용하기가 어렵다. 믿기 어렵다. 받아들이기 어렵다. 전화 판매원이 "저는 물건을 팔려는 것이 아닙니다. 그저 무료 하와이 여행에 대해 알려 드리려는 겁니다"라고 말해도 우리는 의혹을 품는다. '속셈이 뭐지?' 하며 의아해한다. 세상에 공짜는 없다고 배워 왔기 때문이다.

얀시는 그런 우리기에 은혜를 받을 때 충격도 받는다고 지적한다. 은혜는 이 세상의 것이 아니다. 은혜가 죄인들을 위한 것이기 때문에 우리는 놀라는 것이다. 은혜는 우리가 다른 사람을 위해 하지 못한 일을 하나님이 하셨다는 사실을 가르쳐 준다. 우리라면 아마 나쁘지 않은 사람들을 구원하려 할 것이다. 그러나 하나님은 창기들에게서 시작하여 그 아래를 향해 일하셨다. 은혜는 받는 사람에게는 아무 대가도 요구하지 않고 주는 사람이 모든 대가를 치르는 선물이다. 은혜는 받을 자격이 없고, 그것을 거의 인식하지도 못하며, 고맙게 생각하지도 못할 사람들에게 주어진다.

모든 사람을 위한 은혜

얀시의 말을 곰곰이 생각하다가 얼마 전에 읽은 예화를 떠올렸다. 악명 높은 연쇄 살인범 제프리 다머(Jeffrey Dahmer)에 관한 이야기였다. 제프리는 체포되어 투옥된 후, 예수 그리스도를 구주로 영접했다. 자신의 잘못을 깨달았다고 말하며 죄를 고백하고, 예수님께 용서를 구한 것이다. 그 후 얼마 되지 않아 그는 감옥에서 매 맞아 죽었기 때문에, 우리는 그에게 정확히 어떤 일이 일어났던 것인지 알지 못한다.

그런 무섭고 가증스런 죄를 지은 살인자도 구원받을 수 있는 걸까? "아니, 그런 놈에게도 은혜가 베풀어지다니!" 하고 놀랄지도 모르겠다. 우리는 모두 자신이 제프리보다 더 낫다고, 절대로 그 사람만큼 악하지는 않다고 생각하고 싶을 것이다(그리고 실제로도 그렇게 생각한다). "나는 제프리만큼 악하지 않아. 나는 그보다 더 나은 사람이야"라고 생각한다는 사실을 모두 솔직히 인정할 것이다. 나는 그가 저지른 무시무시한 일을 하지 않았다. 그런 범죄를 생각하거나 상상해 본 적도 없다. 그러니 제프리 다머 같은 사람에게도 은혜가 주어진다고 생각하는 것은, 하나님이 구원하실 수 있는 사람들의 범주에 당연히 그를 포함시키면서도, 나 자신은 그와 같은 수준이 아니라고 생각하는 것이다. 그리고 사실 나는 내가 제프리보다 낫다고 믿는다.

그런데 그 이야기를 전한 사람은 이렇게 말했다. "심지어 제프리 다머 같은 사람에게도 은혜가 주어진다고 말하는 것은 옳지 않습니다. **오로지** 제프리 같은 사람만 은혜를 받을 수 있습니다. 그런 사람만 구원을 얻을 수 있습니다."

"무슨 소리야! 말도 안돼!" 당신은 이렇게 소리치고 싶어 할지도 모르겠다. 인간의 마음 깊숙이 있는 무언가가 이 결론을 거부하기 때문이다. 어떻게 그게 사실이란 말인가? 그렇다면 하나님은 나쁜 사람들에 더욱 큰 호의를 베푸시고, 은혜는 끔찍한 죄에 대한 보상이며, 죄가 크면 클수록 하나님의 은혜를 더욱 많이 누릴 수 있다는 말인가? 그것은 옳지 않다, 그렇지 않은가?

제프리 다머와 테레사 수녀

그러나 나는 거기에 우리가 숙고해야만 할 진리가 있다는 생각을 하게 되었다. 수많은 종교적인 사람들이 마치 "하나님, 내가 토색, 불의, 간음을 하는 자들과 같지 아니하고 이 세리와도 같지 않음을 감사하나이다"(누가복음 18:11)라고 기도했던 바리새인과 같다. "내가 제프리 다머와 같지 않음을 하나님께 감사하나이다"라는 기도도 마찬가지다. 이렇게 기도하는 사람은 물론 제프리와 같지 않다. 그리고 하나님의 은혜도 경험하지 못한다. 멸시받던 세리는 결국 하나님께 의롭다 하심을 받았지만, 그는 여전히 죄를 지닌 채 있을 것이다.

자신을 다른 사람보다 더 낫다고 생각하는 한, 죄에서 구원받을 사람은 없다. 아직도 자신의 죄가 실로 얼마나 큰지 깊이 생각하고 있지 않기 때문이다. 예수님은 '반쪽' 죄인들이나 '부분적' 죄인들, '그다지 흉악하지 않은' 죄인들을 구원하러 오지 않으셨다. **죄인들**이라는 단어 앞에 한정 형용사가 있어야 한다고 생각하는가? 그렇다면 당신은 아직 예수님께 나아갈 준비가 되지 않았다. 그리고 하나님의 은혜가 필요하다는 사실을 진심으로 깨닫지 못한 것이다.

그러나 사람들 사이에 도덕적인 차이가 없다는 말은 아니다. 제프리 다머와 테레사 수녀 사이에는 물론 큰 차이가 있다. 한 사람은 가학적인 살인자였고, 한 사람은 아픔을 겪는 수많은 사람에게 하나님의 자비를 전하는 도구였으니. 그러나 우리의 관점은 아주 중요하다. 상상해 보라. 제프리 다머를 세상에서 가장 깊은 구덩이 속에 던져 넣고는 높은 빌딩 위에 올라가 내려다보며 그를 조롱하고 그보다 훨씬 선하며 높은 곳에 있음을 자축하는 우리 모습을 말이다. 그리고 이번에는 하나님이 보시는 모습을 상상해 보자. 높은 하늘에서 내려다보시는 하나님의 눈에는 우리와 제프리 사이의 거리가 사라질 것이다. 그렇기 때문에 로마서 3장 22절은 "차별이 없느니라"고 하는 것이다. 이어지는 구절에서 "모든 사람이 죄를 범하였으매 하나님의 영광에 이르지 못하더니"라고 말하는 것도 그 때문이다. 우리는 모두 싫든 좋든 한 배를 타고 있다.

"의인을 급히 구합니다"

나는 일리노이 주 오크 파크에 있는 교회에서 목회하고

있다. 어느 주일 설교 시간에 나는 오크 파크에 의인은 한 사람도 없다고 말했다. 다음 주, 한 부인이 내게 질문할 것이 있다고 했다. "지난 주일에 목사님은 오크 파크에 의인이 하나도 없다고 말씀하셨지요?" 그렇다. 나는 진실로 그렇게 말했으며, 주변 도시와 마을 어디에도 의인은 한 명도 없다고 말했다. 하나님의 은혜를 배제한다면 의인을 발견할 수 있는 곳은 한 군데도 없는 것이다. 부인은 진지하게 물었다. "하지만 목사님, 목사님이 의인이 아니라면 우리가 어디서 의인을 찾을 수 있을까요?"

그녀의 질문은 솔직하고 진실했다. 나는 "만일 부인이 제 가족이라면 그런 질문은 하지 않으셨을 겁니다" 하고 말할 수 있었지만 그러지 않았다. 대신 그녀에게 내 설교를 들으면 해답을 발견할 것이라고 말했다. 나는 회중에게 그 이야기를 자세히 설명하고, 그들에게 오크 파크의―사실 이 세상 모든 곳을 포함하여―유일한 의인을 보여 주겠다고 말했다. 그리고 나서 나는 강단 뒷벽에 있는 십자가를 가리키면서, 예수님만 유일한 의인이라고 선포했다. 그분과 비교하면 나는 제프리 다머다. 예수 그리스도는 모든 면에서 순결하고 거룩하고 완전하셨다. 한번도 죄를 범하지 않으셨다. 심각한 유혹을 받으셨지만 결코 넘어가지 않으셨다. 우리 모두는 그분과 감히 비교할 수 없을 정도로 부족한 인간이다. 예수님은 이 세상에 존재한 유일한 의인이시다.

그런데 우리는 그분을 십자가에 못 박았다. 하나님의 뜻을 행함으로 그분이 받은 보상은 로마 십자가 위에서의 잔혹한 죽음이었다. 역사하고 있는 은혜의 경이로움이 바로 여기에 있다. 완전한 사람의 죽음으로 인류를 구하려는 하나님의 계획이 시작된 것이다.

필립 얀시가 은혜를 '수치스럽고 충격적인 것'이라고 일컬었을 때 의미하려 한 것이 이런 내용이라고 생각한다. 은혜만큼 인간의 마음에 불쾌함을 주는 교리는 없다. 은혜는 죄로 인해 우리가 참으로 무력한 상태라는 것을 인정하라고 우리에게 강요하기 때문이다.

우리는 더 악해질 수도 있다. 대부분의 사람들은 십계명을 모두 어기지 않는다. 적어도 문자적이고 외적인 면에서 보면 틀림없는 사실이다. 그러나 성경은 하나님 율법의 어떤 부분이라도 범하는 것은 율법 모두를 범하는 것이라고 말한다. 그런 관점에서 보면 십계명은 땅에서 하늘까지 뻗어 있는 열 고리의 쇠사슬과 같다. 그 고리 중 하나라도 깨뜨리면 나머지 아홉을 아무리 잘 유지해도 소용없다. 하나를 깨뜨리는 것은 전부를 깨뜨리는 것과 같다.

우리 아이들이 어렸을 때 일이다. 아내가 큰아들과 함께 시장에 갔고 나는 두 아이들을 보고 있었다. 아내가 간 지 얼마 되지도 않아 뒷뜰에서 '쨍' 하는 큰 소리가 났다. 막내아들이 재빨리 뛰어들어오더니 소리쳤다. "마크 형이 문 유리를 깨뜨렸어요!" 내가 나가기도 전에 마크가 달려오더니 이렇게 변명했다. "너무 걱정 마세요 아빠, 약간 깨졌을 뿐인걸요." "어디가 깨졌는데?" "모퉁이 아래쪽이요."

살펴보러 나가 보니 유리 오른쪽 아래 모퉁이에 주먹만 한 구멍이 나 있었다. 요 녀석들이 내 골프채로 스윙 연습을 하다가 그런 것이다. 마크가 나보다 훨씬 못하는 것은 분명했다. 공을 휘둘러 쳐서 그대로 유리문을 뚫고 지나가게 했으니 말이다. 그런데 마크는 약간 깨졌으니 괜찮다며 계속 나를 안심시켰다. 나는 그게 아니라는 것을 아이에게 참을성 있게 설명했다. 유리의 일부를 깨뜨렸어도 전체를 갈아 끼워야 하기 때문에 전체를 깨뜨린 것과 다를 것이 없다는 사실을 말이다.

하나님의 율법도 마찬가지다. '중간 정도의 죄인' 같은 것은 없다. 죄인이든지 아니든지, 둘 중 하나다. 당신이 하나님의 율법 일부를 범했다면 그것은 전체를 범한 것과 같다. 다른 영역에서 보충하여 그 죄를 상쇄시킬 수 없다는 말이다. 하나님은 그런 해결책을 수용하지 않으신다. 당신이 자신을 얼마나 훌륭하게 여기는지는 상관없다. 당신은 여전히 하나님의 은혜를 필요로 하고 있다.

주어진 은혜와 받은 은혜

은혜는 우리가 완전하고도 절대적으로 우리 죄로 인해 죽게 되었음에도, 하나님이 우리를 구하기 위해 어떤 일을 하기로 결정하셨다는 의미다. 그 '어떤 일'이 무엇인지 설명하는 세 단어는 사랑, 자비, 은혜다. 사랑은 자신의 창조물을 어여삐 여기셔서 손을 내미시는 하나님의 속성이다. 자비는 심판을 유보하시는 하나님의 속성이다. 은혜는 분에 넘치는 하나님의 호의다. 하나님의 사랑이라는 거대한 저수지를 상상해 보라. 그 사랑이 우리를 향해 흐르기 시작할 때, 그것은 자비의 강이 된다. 그 자비가 폭포가 되어 우리 머리 위로 떨어지면 은혜의 급류가 된다.

자비는 우리가 받아 마땅한 것(심판)을 하나님이 우리에게 주지 않으시는 것이다. 은혜는 우리가 받기에 마땅하지 않은 것(구원)을 하나님이 우리에게 주시는 것이다. 우리 머리 위로 밀려오는 거대한 은혜의 강을 그려 보는 것은 특히 유익이 된다. 은혜는 언제나 하나님에게서 인간에게로 흘러내리는 것이기 때문이다. 은혜는 언제나 흘러내릴 뿐 결코 거슬러 올라가지 않는다. 은혜는 우리가 결코 받을 수 없는 것을 하나님이 우리에게 주심을 의미한다.

은혜는 인간의 마음에 어떻게 전달되는가? 대답은 간단하다. 은혜는 공로나 종교가 아니라 믿음을 통해서 온다. 은혜는 믿음을 통해 우리를 구원한다. 그 이상도 이하도 아니다. 우리 안에 있는 그 무엇은 항상 하나님의 조건 없는 은혜에 무엇을 덧붙이고 싶어 한다. 죄에서 구원을 얻기 위해 우리가 할 수 있는 일이 아무것도 없음을 인정하는 것이 겸비함이다. 그러나 어느 때건 우리가 은혜에 어떤 것을 덧붙이려 하는 행위는 그 의미를 감소시킨다. 은혜는 조건이 없어야만 한다. 그렇지 않다면 은혜가 아니다.

은혜는 원천이고 믿음은 수단이며 구원은 결과다. 이렇게 말할 수도 있다. 은혜는 저수지고, 믿음은 수로며, 구원은 나의 죄를 씻어 버리는 물줄기다. 그리고 이 모든 것은 하나님의 선물이다. 심지어 하나님의 은혜를 부여잡는 믿음조차도 그러하다. 우리의 믿음도 우리 것이 아니다. 그것 역시 하나님이 주신 선물의 일부다. 구원이 다른 곳에서 와야만 할 만큼 우리 상황은 매우 절망적이다. 우리에게는 우리 밖에서 말미암는 도움이 필요하다. 우리는 우리의 행함이 아닌, 예수 그리스도가 우리를 위해 행하신 일로 구원을 받는다. 믿음을 통해 은혜로 구원을 받는다.

우리는 믿음을 통해 은혜로 구원을 받는다. 공로와 별도로, 인간의 모든 '미덕'과 별도로, 구원은 조건 없이 주어지며 믿음으로만 받아들여진다.

선한 사람들은 이러한 은혜의 관점을 받아들이기 어려울 것이다. 구원받기 위해서는 우리의 '선행'을 포기해야만 한다는 뜻이기 때문이다. 하나님께 용서받는 일에 우리의 행위는 전혀 중요하지 않다는 것을 인정해야 한다. 노력으로 천국에 간다면 천국은 어떤 모습일까? 그것은 마치 일인당 500달러인 정당 만찬에 참석하는 것과 같으리라. 사람들이 여기저기 모여 서서 자기들의 후보를 위해 얼마나 많이 기부했는지 떠벌리고 있다. "나는 5천 달러 기부했어요." "그래요? 나는 만 달러 기부했는데." "한심하기는, 다들 저리 비켜요! 이 사람은 내 차지예요. 난 그에게 30만 달러를 내놨다고요!" 이런 모습은 아닐까?

노력해야 가는 곳이라면 천국에는 이런 소리들이 시끄럽게 앵앵대는 곳이리라. "나는 장로회 의장이었습니다." "나는 맹인들을 위해 녹음 테이프를 제작했지요." "나는 세계 선교를 위해 백만 달러를 헌금했습니다." "나는 할머니들이 길 건너는 것을 도왔어요." "나는 화상 환자들의 붕대를 갈아 주었어요." 물론 이런 일들은 훌륭한 선행이다. 그러나 단 한 가지 죄도 사하도록 해 주지 못한다. 선행은 당신을 구원하지도, 혹은 구원하도록 돕지도 못한다.

구원을 획득하기 위해 한 일들을 서로 자랑하며 영원히 산다니! 끔찍하지 않은가? 그건 천국일 수 없다. 이렇게 말하는 사람이 있을지도 모른다 "예수님, 주님과 제가 해냈어요! 주님은 십자가 위에서 죽으셨고 저는 과자를 구웠지요."

십자가 위에서 죽으신 예수님은 당신의 구원을 위해 모든 값을 치르셨다. 그러니 당신이 과자를 구운 일은 전혀 중요하지 않다. 예수님 혼자 그 값을 모두 치르셨다. 천국에 들어가는 것은 자기들의 구원을 위해 예수 그리스도를, 오직 그분만을 신뢰하는 사람들에게 제한되어 있다.

천국에 가기 위한 1,000 포인트

이 이야기는 순전히 내 상상이다. 그러나 중요한 요점을 강조하고 있다.

사도 베드로가 천국 문 옆의 안내석에 서 있다. 잘 차려입은 멋있는 남자가 다가온다. 그가 벨을 울리자, 베드로가 말한다. "무엇을 도와 드릴까요?" "천국에 들어가고 싶습니다." "환영합니다. 당신을 맞게 되어 매우 기쁩니다. 우리는 항상 더 많은 분을 천국에 모시기 원하고 있습니다. 그러나 당신이 천국에 들어가기 위해서는 1,000 포인트를 획득해야만 합니다." 그러자 그 남자가 말한다. "자신 있습니다. 나는 살아 생전 아주 훌륭한 사람이었습니다. 시정에 적극 참여했습니다. 항상 많은 돈을 자선 운동에 기부했고 25년 동안 YMCA 회장을 지냈습니다." 그것을 다 받아 적은 베드로가 말한다. "굉장한 경력이군요. 1포인트 얻으셨습니다."

그 남자는 깜짝 놀라서 덧붙인다. "나는 아내와 결혼하여 45년 간 살았습니다. 나는 항상 결혼 생활에 성실했습니다. 우리는 아들 셋에 딸 둘을 두었습니다. 나는 언제나 아이들을 사랑했고, 아이들과 많은 시간을 보냈으며, 훌륭한 교육을 받게 했다고 자신합니다. 나는 아이들을 잘 돌보았고 아이들은 아주 훌륭하게 성장했습니다. 나는 정말 가정적인 사람이었습니다." 사도 베드로는 말한다. "아주 감동적입니다. 여기 당신 같은 분은 그리 많지 않습니다. 또 1포인트 얻으셨습니다."

그 남자는 이제 땀을 뻘뻘 흘리며 흥분한다. "당신이 잘 모르시는 모양인데요, 나는 교회에 열심히 나갔습니다. 한 주도 빠진 적이 없어요. 언제나 헌금도 드렸구요. 집사도 했고, 장로도 지냈습니다. 성가대에서 찬양도 했어요. 또 20년이나 주일 학교 교사를 했습니다." 베드로가 말한다. "당신의 경력은 정말 대단합니다. 또 1포인트를 얻으셨네요. 자, 한번 계산해 봅시다. 이제 997포인트만 얻으면 되겠습니다."

그 남자는 떨면서 무릎을 꿇고 절망 가운데서 부르짖는다. "하나님의 은혜가 아니고는, 아무도 이곳에 들어가지 못할 것입니다!" 베드로는 그를 바라보며 미소 짓는다. "축하합니다. 당신은 지금 막 1,000 포인트를 얻으셨습니다!"

천국에 가기를 원하는가? 그렇다면 하나님의 은혜로 그곳에 들어가야 한다. 다른 그 무엇으로도 들어갈 수 없다. 구원은 사람이 자신을 구원할 수 없다는 것을 깨달을 때 시작된다. 천국에 이르는 문은 그 꼭대기에 '오직 죄인들만'이라고 쓰여 있다. 그 자격을 갖추면 천국에 갈 수 있다.

은혜는 구원받지 못할 만큼 악한 사람은 없다는 것을 의미한다. 이 글을 읽고 있는 사람들 중에 정말 악한 사람이 있는가? 좋은 소식이 있다. 하나님은 정말 악한 사람을 구원하는 데 전문가시다. 공개적으로 밝히기를 수치스러워 하는 어떤 사실이 있는가? 염려하지 말라. 하나님은 그것을 모두 아신다. 그분의 은혜는 당신의 죄보다 훨씬 위대하다.

또 은혜는 구원받지 못할 만큼 지나치게 '선한' 사람도 있을 수 있음을 의미한다. 선한 사람들은 자기에게는 하나님이 필요 없다고 자신을 과대평가한다. 그들은 자신이 죄인이라는 것은 인정할지 모르나, 영적으로 죽었다는 것은 인정하지 않는다. 하나님의 은혜가 필요하다는 것을 인정할 만큼 절망적이지 않으면, 하나님의 은혜는 올 수 없다.

어떻게 하나님의 은혜를 찾고 있는가? 그저 간청하라. 그것이 전부다. 정말 이처럼 간단하다. 은혜의 필요성을 느끼면 느낄수록, 당신은 더욱 은혜를 받기에 적합한 사람이 될 것이다. 빈손을 내밀어 하나님의 은혜를 간청하라. 하나님은 외면하지 않으실 것이다.

은혜는 당신의 삶을 변화시킬 수 있는 좋은 소식의 중심에 있다. 그리고 가장 좋은 점은 그것이 공짜라는 사실이다. 하나님에게서 오는 더더욱 좋은 소식에 계속 귀를 기울이라.

당신의 **대답**이
당신의 운명을 결정한다

POINT

이천 년 전 죽은 예수 그리스도는 누구인가?
선인? 위대한 스승?
자기가 신이라고 떠들어댄 사기꾼?
인류 4대 성자 중 한 사람?
아니면 기독교인들의 말처럼 그리스도요
살아 계신 하나님의 아들?
나는 다른 사람들의 말을 듣고 싶은 것이 아니다.
당신은 예수 그리스도가 누구라고 생각하는가?

예수님이 가장 많이 물으신 질문 하나.
"사람들은, 무리들은, 너희는, 그리고 너는, 나를 누구라 하느냐?"

예수 그리스도는 누구인가? 아니, 먼저 장면 설정부터 하자. 당신이 몇몇 친구와 함께 점심을 먹으러 가고 있는데 카메라를 든 사람들이 당신을 세우고는 인터뷰를 요청한다. 그런데 놀랍게도 그들의 질문은 정치나 경제, 사회와 전혀 상관이 없는 것이다. 그들은 이렇게 묻는다. "예수 그리스도는 누구십니까? 당신이 그분을 어떻게 생각하시는지 알고 싶습니다." 비디오 카메라는 대답을 찾느라 우물거리며 불안해하는 당신의 모습을 녹화하고 있다. 준비가 되어 있지 않았고 제대로 차려입지도 못했는데, 약간 떨어진 곳에서 친구들이 지켜보는 가운데 신학에 대한 질문을 받고 있는 것이다. 시간은 계속 흐르고 다양한 대답이 당신의 머릿속을 스치고 지나간다. "선인, 하나님의 아들, 선지자, 갈릴리 출신 랍비, 율법 교사, 하나님 사랑의 체현(體現), 환생한 심령술사, 최고의 혁명가, 이스라엘의 메시아, 구세주, 1세기의 현자, 그저 평범한 한 인간, 왕 중 왕, 인정받지 못한 선생, 온 세상의 주, 자신이 하나님의 아들이라고 생각했던 바보, 인자, 초대 교회가 꾸며낸 인물…."

당신은 뭐라고 대답하겠는가? 대답을 듣기 전에, 오늘날 그 가능한 대답 하나하나를 제시할 사람들을 발견할 수 있다는 사실을 말해 두고 싶다. 그 사실은 전혀 새로운 것이 아니다. 예수님이 제자들에게 "사람들이 나를 누구라 하느냐"고 물으셨을 때, 그들은 네 가지 다른 대답을 제시했다(마태복음 16:13-16 참조). 심지어 그분이 이 땅에 사시는 동안에도 사람들은 그분의 진정한 신분을 놓고 이러쿵저러쿵 이야기하며 궁금해했다. 어떤 사람은 그분이 선지자라고 했고, 다른 사람들은 위대한 정치 지도자라고 했으며, 세례 요한이 환생한 것이라고 말하는 사람들도 있었다.

많은 대답을 가진 하나의 질문. 많은 얼굴을 가진 한 사람. 그것으로는 예수를 믿기에 불충분하다. 당신이 믿고 있는 예수가 바른 예수라는 것을 확실히 해야만 한다. 영적인 모조품들이 나도는 세상 속에서, 당신의 영원한 운명은 신약에 계시된 하나님의 그리스도를 아는 것에 달려 있다.

예수 그리스도는 누구인가? 진짜 예수님을 발견하는 유일한 길은 원래의 출처인 성경을 찾아가는 것이다. 예수님을 개인적으로 알기 원한다면, 그분이 진정 누구이신지 대해 요약한 일곱 가지 진술을 보라.

예수에 관한 진실

첫째, 예수님은 초자연적으로 세상에 오셨다. 우리는 구약을 통해서, 그분이 탄생하기 수백 년 전에 그분의 오심에 대한 많은 상세한 사실이 예고되었음을 안다. 이사야 선지자는 그분이 동정녀에게서 탄생할 것을 예고했고, 미가라는 선지자는 그분의 탄생지가 베들레헴이라는 것을 확증했다. 교회의 위대한 신조에 있는 "성령으로 잉태하사 동정녀 마리아에게 나시고"라는 문장이 그분의 출생을 설명한다. 사람들은 자주 '동정녀 탄생'을 언급하지만, 진정한 기적은 베들레헴에서 예수님이 출생하시기 9개월 전, 즉 성령이 마리아를 덮으시고 그녀의 태 안에 하나님이자 사람이신 주 예수 그리스도의 인격을 창조하실 때 일어났다. 동정녀 탄생이란, 예수님에게 육신의 어머니는 있었지만 육신의 아버지는 없었다는 뜻이다. 이제껏 이렇게 태어난 사람은 아무도 없었다.

둘째, 예수님은 인간의 육체를 입으신 하나님이시다. 그리스도인들은 이 진리를 설명하기 위해 성육신(Incarnation)이란 말을 사용한다. 이 단어는 예수가 마리아에게 잉태되었을 때 성자 하나님이 인간의 육체를 취하셨다는 뜻을 지닌다. 그분은 하나님이셨지만 그 신성에 인성을 더하셨다. 반인반신이 아닌 완전한 하나님이자 완전한 인간으로서, 한 인격에 두 본성이 결합되어 있었다. 모든 면에서 완전한 인간이셨고 죄도 없으셨다. 히브리서 1장 3절은 예수님이 "하나님의 영광의 광채시요 그 본체의 형상이시라"고 말한다. 이 말씀의 전반부는 그리스도가 하나님을 '나타내 보이는 빛'이라는 의미를 지닌다. 하나님과 그리스도의 관계는 태양과 햇빛의 관계와 같다. 그리고 말씀의 후반부는, 화인(火印)이 금속 조각에 각인되듯이 하나님의 본성이 예수 그리스도 안에 그대로 각인되어 있음을 의미한다. 예수님의 또 다른 이름 임마누엘은 "하나님이 우리와 함께 계시다"라는 뜻이다. 예수님은 하나님의 아들이며 성자 하나님이시다. 그러기에 사도 도마는 부활하신 예수님을 보았을 때, 그분 앞에 엎드려 "나의 주시며 나의 하나님이시니이

다"(요한복음 20:28)라고 외쳤던 것이다

셋째, 그분은 절대적인 의의 기준이시다. 예수 그리스도는 이 세상에 계시는 동안 완전히 의로우셨다. 소극적으로 말하면, 그분은 생각과 말, 행동에 있어 전혀 죄를 범하지 않으셨다. 인간으로서는 유일한 '퍼펙트 텐(Perfect ten)' (운동경기에서 가장 기량이 뛰어난 사람-역주)이시다. 모든 인간은 완전할 수 없지만 예수님만은 예외다. 그분이 외적으로 범죄하지 않으신 것은 내적으로 범죄하지 않으셨기 때문이다. 그분은 잘못도 악함도 없으셨다. 악한 생각도, 악한 말도, 단 한 가지 악행도 범하지 않으셨다. 남을 속이지 않으셨고, 거짓말하지 않으셨으며, 늑장피우지 않으셨고, 증오를 품지 않으셨다. 화내지 않으셨고, 욕정을 품지 않으셨으며, 힘든 상황을 모면하기 위해 쉬운 길을 구하지 않으셨다. 자신을 선하게 보이기 위해 진리를 왜곡하지 않으셨고, 저주하지 않으셨으며, 결코 친구를 배신하지 않으셨다. 하나님의 율법 중 어떤 것도 범하지 않으셨고, 아버지의 뜻을 좇는 길에서 조금이라도 벗어난 적이 결코 없으셨다.

적극적으로 보면 이것은 예수님이 하나님의 율법을 완전하게 성취하셨음을 의미한다. 그분은 완전한 거룩, 완전한 성결, 완전한 친절, 완전한 진리, 완전한 선의 삶을 사셨다.

첫 아담이 범죄하여 모든 인류가 그와 함께 타락했던 것과 똑같이, 그리스도는 하나님께 온전히 순종함으로써 자신을 좇는 모든 사람을 위해 구원을 이루신 '마지막 아담'으로 오셨다. 예수님은 우리가 실패한 곳에서 성공하셨고, 우리가 반역한 곳에서 순종하셨다. 완전한 삶으로써 하나님이 우리에게 요구하신 모든 것을 성취하셨다.

넷째, 예수님은 하나님만 하실 수 있는 일들을 행하셨다. 예수님은 깜짝 놀랄 만한 주장들을 하셨으며, 게다가 깜짝 놀랄 만한 행적들로 자기 주장을 뒷받침하셨다. 그분은 자신이 하나님과 동등함을 거듭 주장하셨다. 자신이 "아버지와 함께 있었으며" 자기를 보는 것이 곧 아버지를 보는 것이라고 말씀하셨다. 그분은 하나님의 권위를 가지고 말씀하셨다. "나는 생수다" "나는 세상의 빛이다" "내가 곧 길이요 진리요 생명이다." 심지어는 죽은 자 가운데서 살아날 능력이 있다고 주장하셨다. 예수님을 확실히 알지 못하는 사람들은 그분의 가르침 중 이 부분을 경시하는 경향이 있다. 그들은 그분의 기이한 주장(자신이 보기에)을 무시하면서, 그냥 훌륭한 스승 중 한 명이라 부르고 싶어 한다. 그러나 C. S. 루이스의 말처럼, 어떤 사람이 자기 자신에 사실과 다른 말을 한다면, 그는 좋은 스승이 될 수 없을 것이다. 스승은커

녕 거짓말쟁이가 아닌가. 더 악한 사람일 수도 있다. 예수님의 신성 주장을 다루지 않고서는 그분을 이해할 수 없다.

예수님은 자연의 세력들과 질병, 죽음의 영역에서 거듭 권능을 보이심으로 자기 주장들을 뒷받침하셨다. 죄사함의 권능까지도 주장하셨다. 예수님과 유대 지도자들이 논쟁한 것도 이 때문이다. 예수님이 죄 사함을 주장하신 것은 참으로 그분이 인간의 육체를 입으신 하나님이기 때문이었다.

다섯째, 예수님은 우리를 위한 희생 제물로 죽으셨다. 그분의 지상 생애 이야기는 죽음으로 끝난다. 완벽하게 결백하신 그분이 범죄자로 취급받고 십자가에 달리셨다. 로마 총독인 본디오 빌라도는 "나는 그에게서 아무런 잘못도 찾지 못하노라"고 세 번이나 선언했다. 성경은 그분이 의로운 사람으로서 불의한 사람을 위해, 무죄한 사람으로서 유죄한 사람을 위해, 선인으로서 악인을 위해 죽으셨다고 말한다. 그분은 우리를 대신하여 우리가 받을 형벌을 당하셨으며, 그분 자신의 몸에 우리의 죄를 지고 죽으셨다. 자신의 피로 우리의 불순종에 대한 대가를 모두 치르셨다. 그렇게 하심으로써 하나님의 의로운 요구를 완전히 충족시키셨으며, 예수님의 이름으로 하나님께 나아오는 죄인들이 하나님의 자비를 받을 수 있게 하셨다. 우리는 그분의 죽음을 통해 죄의 형벌에서 영원히 자유하게 되었다.

여섯째, 예수님은 죽은 자 가운데서 살아나심으로써 자신의 주장을 입증하셨다. 예수님은 제자들과 토론하면서 공공연히 자신의 죽음과 부활을 예고하셨다. 그분은 이미 오래 전에 모든 것을 보셨고 아셨다. 수난의 금요일 늦은 저녁, 예수님을 좇는 사람들이 십자가에서 그분의 시신을 조심스럽게 끌어내렸다. 그리고 시신을 수의로 싸서 빌린 무덤 속에 안치하였다. 무덤은 그분이 돌아가신 장소인 골고다(해골의 곳)에서 그리 멀지 않은 곳에 있었다. 토요일에 로마 군인들과 유대인들, 그리고 제자들 모두 한 가지 사실에 동의했다. 예수는 정말 죽었다는 것이다. 로마 군인은 누군가가 무덤을 교란하고 시신 옮기는 것을 막기 위해 무덤을 지켰다. 무덤은 인봉되어 커다란 돌로 막혀 있었다.

그렇게 토요일이 지나갔다. 주일 아침 일찍, 마리아와 다른 여인들이 그분의 시신에 향유를 바르려고 무덤에 왔다. 그러나 그들은 땅바닥에 기절해 있는 군인들과 풀린 인봉, 굴려진 돌, 입구를 지키고 있는 천사들을 발견했다. 천사들은 예수님이 죽은 자 가운데서 살아나셨다고 선포했다. 당황하고 두려운 여인들은 무덤이 비었다는 것을 사람들에게 알렸다. 그날 늦게, 그리고 이후 40일 동안 예수님은 여러 차례에 걸쳐 오백 명이 넘는 다른 사람들에게, 그리고 제자들에게 육신으로 나타나셨다. 그 후 예수님은 하늘에 올라가셨고 지금은 그곳에서 아버지 우편에 앉아 계신다.

그 사건이 일어난 지 2천 년이 지났지만, 회의론자들은 "예수님의 육체에 무슨 일이 일어났었나?" 하는 질문에 만족할 만한 답을 제시하지 못했다. 그분의 시신을 발견한 사람은 이제껏 아무도 없다. 부활절 아침을 기점으로 그 몸은 더는 시신이 아니었기 때문이다. 예수 그리스도는 실제로, 문자적으로, 육체적으로, 죽은 자 가운데서 부활하셨다. 그리고 그날 이후 오늘까지 기독교회는 부활을 복음 메시지의 초석으로 삼고 있다. 이보다 합리적인 대답은 없을 것이다.

예수님의 부활은 정말 중요하다. 그분이 정말 하나님의 아들이시며, 그분이 말씀하신 모든 것이 참이라는 것을 부활이 입증하기 때문이다. 동서고금을 막론하고 죽은 자 가운데서 부활하여 결코 다시 죽지 않은 사람은 예수님 외에 아무도 없다. 이 사실은 매우 의미심장하게도, 예수 그리스도가 오늘 살아 계신다는 것을 의미한다. 예수님은 그분을 신뢰하는 사람들에게 영생을 주신다. 그분이 죽음을 정복하셨기 때문에, 그분을 신뢰하는 사람들은 죽음을 두려워할 필요가 없다. 그들이 죽으면 천국에 올라가 주 예수님과 함께 있게 될 것을 확신하기 때문이다. 그분이 세상에 다시 오실 때, 그들의 육체는 죽은 자 가운데서 살림을 받을 것이다. 신자에게는 이 모든 일이 보장되어 있다. 그리스도가 죽은 자 가운데서 살아나셨기 때문이다.

일곱째, 예수님은 어느 날 세상에 다시 오실 것이다. 이 마지막 사실은 마치 타임머신처럼 우리를 그리 멀지 않은 미래로 데려간다. 예수 그리스도의 '이력' 중 아직 남아 있는 사건이 있다. 어느 날 세상에 다시 오실 것이라는 사실이다. 그분은 다시 오겠다고 약속하셨으며("내가 다시 오리라") 그 약속을 지키실 것이다. 그분은 떠나실 때와 똑같이 육체를 입고 우리 눈앞에 보이는 모습으로 오실 것이다. 그분의 오심은 단지 영적이 아니라 실제적이고 문자적이다. 정말 놀랍지 않은가! 베들레헴에서 태어나 이 땅에서 사셨고, 십자가에서 죽으셨으며, 죽은 자 가운데서 부활하여 승천하신 바로 그 예수님이 다시 오신다니! 2천 년 전에 세상 저편에 사셨던 실제적이고 역사적인 인물이 한 번 더 세상에 오시는 것이다. 그날과 시간은 아무도 모르지만 그분이 다시 오신다는 사실만큼은 틀림이 없다.

우리가 필요로 하는 그리스도

성경 속에 계시된 그리스도만 우리를 구원하실 수 있다. 그러나 단지 예수님에 대해 좋은 감정을 느낀다고 구원받는 것은 아니다. 그분의 도덕적 교훈과 선행을 좋아하고 따르는 것으로도 구원받을 수 없다. 예수님의 순종적인 삶과 희생적인 죽음, 부활, 우리를 위해 성취하는 이 모든 일로 인해 구원을 받는다.

나는 캘리포니아에서 만난 한 경찰을 결코 잊지 못한다. 그는 뛰어난 경찰이었다. 그러나 삶의 추악한 면을 너무 많이 봤기에 몹시 회의적인 사람으로 변해 갔다. 더욱이 경찰 일을 하기 전에는 베트남에서 복무하면서 끔찍한 장면들을 목격했다. 그런 모든 것이 그를 매우 힘들게 했던 것 같다.

그는 내가 목회하던 교회 건너편에 살았고 이따금 예배에 참석했다. 몇 달이 지나면서 우리는 친해졌다. 그는 내가 일찍이 들어 보지도 못한 놀라운 이야기들을 해 주었다. '구도자'라고 할 만한 사람이었다. 그는 내게 성경과 예수님에 대한 질문을 끊임없이 했으며, 적대적이거나 부정적이지 않고 진지하게 진리를 추구하였다. 성경을 믿을 수 있는지, 예수님의 주장이 정말 사실인지 알고 싶어 했다.

어느 날 우리는 아주 허름하고 작은 식당에 식사하러 갔다. 마을에서 타코스(저민 고기를 얇은 밀가루 반죽에 싸 먹는 멕시코 요리)를 가장 잘하는 식당이었다. 거기서 그는 이렇게 말했다. "제게 어떤 일이 일어났는지 말하고 싶습니다. 최근에 예수 그리스도를 구주로 믿게 되었습니다. 성경을 읽는 중에 갑자기 '이것은 사실이다!' 라는 확신이 들었어요." 나는 그의 뒷말을 결코 잊지 못할 것이다. "마치 수천 킬로그램이나 되는 무게가 어깨에서 벗겨지는 느낌이었어요."

성경에 나온 예수님을 진정으로 만난다는 말이 의미하는 것이 바로 이럴 것이다. 당신 어깨에서 죄의 무게가 벗겨진다. 당신의 죄가 용서받았기에 죄의식이 사라진다.

기독교는 엄청난 한 가지 진리를 고백하는 남녀들로 구성된 공동체다. 바로 나사렛 예수는 살아 계신 하나님의 아들이라는 진리 말이다. 그 진리를 믿고 고백하기 전에는 그리스도인이라 할 수 없다.

이제 가장 중요한 한 가지 질문만 하고 이 장을 마치겠다. 예수 그리스도는 어떤 분이신가? 선인? 위대한 스승? 아니면 그분은 그리스도요 살아 계신 하나님의 아들이신가?

예수 그리스도는 누구이신가? 어떻게 대답할지 잠시 생각해 보라. 당신의 대답이 당신의 영원한 운명을 결정한다.

다 이루었다

POINT

- 예수님이 완전히 값을 치르셨기 때문에 구원의 역사는 완료되었다.
- 예수님이 완전히 값을 치르셨기 때문에 그것에 다른 것을 덧붙이려는 모든 노력은 실패할 수밖에 없다.

그 희생은 세상 모든 사람의 과거, 현재, 미래의 죗값을 치르기에 충분하다

부채는 청산되었고 역사는 성취되었으며 희생은 완료되었다.

이미 예수님이 완불하셨으므로 당신이 값을 지불하려 해서는 안된다.

예수님이 완전히 당신의 죗값을 치르셨다는 것을 믿던지 아니면
그 사실을 완전히 부인하던지 둘 중 하나를 취하라. 중간은 없다.

여느 때보다 더운 4월 어느 금요일, 예루살렘에 죽음의 냄새가 감돌고 있다. 소문은 시내 구석구석 퍼졌다. 로마 군인들이 오늘 십자가형을 집행한다는 것이다.

군중이 도시 북쪽으로 모여들었다. 다메섹 문 바로 바깥쪽은 골고다라는 언덕이다. 이 언덕은 큰 도로 옆에 있어서 로마 군인들이 처형 장소로 선호하는 곳이다. 수많은 사람이 처형 장면을 볼 수 있게 말이다. 오늘은 여느 때보다도 더 많은 사람이 모여들었다. 무섭고 끔찍한 것에 대한 인간의 병적인 호기심과 이끌림, 무시무시한 십자가형의 공포가 사람들을 골고다로 모이게 한 것이다.

오늘도 보통 처형 날과 다를 바 없이 보이지만, 사실은 그

다 이루었다 · 91

렇지 않다. 예수라는 이름의 청년이 십자가에 못 박히는 날이다. 그에 대한 소문은 마른 들판에 일어나는 불길처럼 번져 갔다. 그에 대한 평판이 그 자신을 앞지를 정도였다. 그를 중립적으로 바라보는 사람은 없었다. 많은 사람은 그를 의심했고, 어떤 이들은 믿었으며, 소수의 무리는 그를 증오했다.

이천 년 전 일어난 사형

십자가형은 정확히 9시에 시작했다. 로마 군인은 그런 일에 시간을 잘 지키는 편이다. 어중이떠중이 모인 군중들은 마치 처형이 운동 경기라도 되는 양, 시끄럽게 떠들고 목이 터져라 고함을 질렀다. 환호하고 큰 소리로 웃으며 소리치고, 십자가에 달린 사람들이 얼마나 오래 견딜지 내기를 했다. 가운데 있는 남자가 가장 먼저 죽을 것같이 보였다. 이미 그는 심한 매질을 당한 상태였다. 군인 너댓 명이 번갈아 그를 채찍질했던 것이다. 누더기를 입은 그의 등에는 벗겨진 살갗이 너덜거렸고, 얼굴은 멍들어 심하게 부어 있었으며, 눈은 거의 감겨 있었다. 찢겨진 수많은 상처에서 핏방울이 떨어졌다. 쳐다보기에도 끔찍한 모습이었다.

십자가에 달린 세 죄수는 말을 하고 있었다. 외치는 듯한 쉰 목소리로 대화하는 것 같았다. 고통스럽게 끊기는 목소리의 단편들이 공중에 떠돌았다. "아버지여, 저들을 용서하소서"라는 말이 들렸고, "당신이 만일 하나님의 아들이어든" 하는 말에 이어 낙원을 약속하는 말도 들리는 것 같았다. 가운데 달린 예수는 자기 어머니를 발견하고 그녀에게 말하기도 했다.

　그리고 나서 그 일이 일어났다. 정오에, "온 땅에 어두움이 임하였다." 너무 갑작스러운 어둠이라 모든 사람이 깜짝 놀랐다. 일순간 태양이 머리 꼭대기로 오더니 다음 순간 사라져 버렸다. 일식이 아니었다. 짙은 구름이 태양을 덮은 것도 아니었다. 그것은 어둠 그 자체였다. 땅을 덮는 장막처럼 드리우는 어둠침침하고 칠흑 같은 어둠이었다. 빛이라고는 조금도 찾아볼 수 없는 완벽한 어둠이었다. 피와 살을 얼게 하는 냉랭한 어둠이었다.

　아무도 움직이지 않았다. 아무도 말이 없었다. 불경스럽고 잔인한 로마 군인들도 욕설을 그쳤다. 골고다를 덮은 어두운 침묵을 깨뜨리는 소리는 없었다. 무시무시한 일이 일어나고 있었다. 어떤 악한 세력이 땅을 점령하고, 어떻게 해서든지 어둠을 내뿜으려는 듯했다. 도처에서 악을 가까이 느낄 수 있었다. 땅속 깊은 곳 어디선가 어두운 지하의 킬킬거리는 웃음소리가 들리는 듯했다. 지옥의 웃음소리.

어둠은 세 시간 동안 지속되었다. 12시 30분, 아직도 어둡다. 1시 15분, 아직도 어둡다. 2시 5분, 아직도 어둡다. 2시 55분, 아직도 어둡다.

오후 3시. 어둠은 내렸을 때처럼 갑작스럽게 사라졌다. 이제 말소리가 들리고, 외침이 터졌다. 사람들은 밝은 햇빛에 다시 적응하기 위해 눈을 비벼 댔다. 많은 사람의 얼굴에 공포가 어렸고, 또 다른 사람들의 얼굴에는 당황한 기색이 역력했다. 친구에게 기대어 있던 한 남자가 소리쳤다. "도대체 이게 무슨 일이지?!!"

모든 눈이 가운데 십자가를 주목했다. 마지막이 가까운 것이 분명하다. 예수라는 청년이 죽어 가고 있다. 그 세 시간의 어둠 속에서 벌어진 어떤 일이 그를 죽음의 문 앞으로 몰고 간 것이었다. 그의 기력은 거의 다했고 몸부림도 거의 그쳤다. 고통스런 숨을 내쉬는 가슴의 들썩거림도 느려졌다. 신음은 이제 낮은 속삭임에 불과했다. 군중들은 그의 마지막 순간을 보려고 본능적으로 그 가까이 모여들었다.

흘깃 보기만 해도 예수가 오래 버티지 못할 것을 확신할 수 있다. 이미 거의 죽은 것 같다. 군인들은 오랜 경험에 비추어, 그가 일몰을 넘기지 못할 것을 알았다.

그때였다. 예수가 소리쳤다. "나의 하나님, 나의 하나님, 어찌하여 나를 버리셨나이까?" 무리 중 누군가가 되받아 그에게 조롱의 소리를 질렀다. 시간이 흐르고 죽음이 임박하자 거칠고 낮은 목소리가 들렸다. "내가 목마르다." 군인들이 해융에 신 포도주를 적셔 갈대에 꿰어 그의 입술에 갖다 대었다. 예수는 입술을 축이고는 깊은 숨을 내쉬었다. 당신이 만일 귀를 기울인다면 그의 목구멍에서 임박한 죽음의 소리를 들을 수 있으리라. 예수의 목숨은 일분도 채 남지 않았다.

그리고 나서 예수는 다시 말을 했다. 빠른 외침이었다. 주의를 기울이지 않으면 온갖 소란 속에 묻혀 들리지 않을 말이었다.

"다 이루었다."

그리고 숨을 거두었다.

신약 원어를 보면, 그 문장은 "끝내다, 완성하다, 성취하다"를 의미하는 한 단어에서 나왔다. 이 단어는 특정한 활동 과정을 성공적으로 마쳤음을 나타낸다. 에베레스트 산 정상에 도달했을 때 사용할 만한 단어다. 마지막 학기말 과제를 제출할 때 사용할 만한 단어다. 새 차 값을 완불했을 때 사용할 만한 단어다. 마라톤에서 결승선을 통과했을 때 사용할 만한 단어다. "살았다" 이상의 의미를 지닌 단어다. "내가 하려고 착수했던 일을 정확히 해냈다"는 의미를 지닌 단어다.

"다 이루었다"는 주님이 외치신 최후 승리의 외침이었다. 예수님은 완성되지 않은 일을 남겨 놓고 돌아가신 것이 아니다. "다 이루었다"는 그분의 말씀은 완벽한 진실이었다.

왜 죽어야 했나?

헬라어에서 다 이루었다는 문장은 완전히 지불한다는 의미도 된다. 일단 물건값을 치르면 다시 돈을 낼 필요가 없다. 예전에 친구가 사는 동네를 방문했을 때, 친구는 나에게 숙소를 제공하겠노라고 말했다. 나는 우리 부부가 소파에서 자게 될 것이라고 생각했다. 하지만 그것도 감지덕지했다. 그러나 목적지로 가던 길에 그에게 전화를 걸어 서너 시간 후 도착할 것이라고 알렸을 때, 친구는 우리를 위해 그곳 여관에 방을 잡아 놓았다고 말했다. 나는 그가 농담을 하고 있다고 생각했다. 그러나 진담이었다! 그는 말했다. "우리 집이 그리 넓지 않아서 미안해. 이 여관에 묵도록 해." 내가 이

의를 제기하자 그가 말했다. "염려 마. 주인과 계산을 끝내고 내가 이미 계산서를 처리했어." 그것으로 끝이었다. 그가 숙박비를 지불했고 우리는 그 여관에 머물렀다. 내가 뭐라고 해도 달라질 것은 없어 보였다.

우리는 밤 10시쯤 여관에 도착했다. 주인이 우리를 맞아 주었고 열쇠를 주며 말했다. "친구 분이 모든 것을 처리하셨습니다." 정말 그러했다. 우리는 정식으로 투숙 절차를 밟지 않아도 되었다. 신용 카드도 필요 없었고 숙박계도 쓰지 않았으며, "선생님, 요금은 어떻게 지불하시겠습니까?" 하는 말도 없었다. 내 친구가 완전히 지불했기 때문이었다. 우리가 할 일은 친구의 환대 덕분에 거저 제공된 방을 누리는 것뿐이었다. 내가 거듭 값을 지불할 수 없었던 것은 내 친구가 이미 지불했기 때문이다. 내가 직접 지불하려고 하는 것은 친구를 모독하는 일이다. 그가 실제로 돈을 냈는지 의심하는 일이 될 수 있기 때문이다.

복음을 들은 많은 사람은 예수님이 왜 죽으셔야 했는지 의아해한다. 전지하고 사랑이 무한하신 하나님이 죄인들을 구속하기 위해 어떻게 자기 아들을 십자가 위에서 살해당하도록 허용하실 수 있는가? 그 대답을 찾기 위해 이렇게 질문해 보자. 하나님은 전지하시며 무한히 자비로우신데, 왜 "제가 잘못했습니다"라고 말하는 사람에게 간단하게 용서를 베풀지 않으셨는가? 많은 사람이 내심 하나님은 그렇게 하셔야 한다고 생각한다. 그렇다면 자신의 아들을 죽게 하신 하나님이라는 곤란하고 어려운 문제를 다루지 않아도 될 테니 말이다.

그 딜레마의 해결은 이렇게 이루어진다. 인간의 관점에서 보면 하나님에게는 한 가지 문제가 있다. 그분은 거룩하시기 때문에 죄를 처벌하지 않고 내버려두실 수 없다는 것이다. 하나님의 공의는 모든 죄에 합당한 처벌을 요구한다. 우리가 보기에 아무리 하찮아 보이는 죄라 할지라도 하나님이 적절한 처벌 없이 용서하신다면, 그분은 거룩하고 공의로우실 수 없다. 그것은 하나님의 성품을 부인하는 일이다. 그렇게 되면 하나님은 더는 하나님이실 수 없다. 있을 수 없는 일이다. 하나님께 대한 모든 범죄는 반드시 처벌받아야 한다. 죄인들이 단순히 "잘못했습니다" 함으로써 용서받을 수 없는 이유는 그 때문이다. 누군가 그 대가를 지불해야만 하는 것이다.

이러한 원리는 가족 내에서 자주 작용하고 있다. 다섯 살 난 아이가 부주의로, 혹은 고의적으로 거실에 있는 비싼 전등을 깨뜨린다. 자기가 어떤 일을 저질렀는지 깨달은 아이는 부모에게 용서를 구하고 다시는 그러지 않겠다고 약속한다. 부모는 아들을 용서한다. 그러나 깨진 전등은 어떻게 되는가? 여전히 깨져 있는 그대로며, 누군가는 전등 값을 지불해야만 한다.

인간의 사법 제도에도 이와 같은 원리를 취하고 있다. 고용주에게서 70만 달러를 횡령한 죄인이 재판장에게 죄를 고백하며 자비를 간청한다. 다시는 공금을 횡령하지 않겠다고 울면서 약속한다. 재판장이 그의 사죄를 받아들이고 아무런 처벌 없이 그를 방면한다면, 그것이 옳은가? 강도죄를 선고받은 사람이 단지 사죄로 인해 석방되는 것은 어떤가? 아이들의 눈앞에서 그 부모를 살해한 살인자가 눈물로 사죄하여 석방된다면? 우리는 그 재판장을 옥에 가두고 열쇠를 멀리 내던져 버릴 것이다.

이 세상에서도 법을 어긴 데 대한 대가는 치러져야만 한다. 영적인 영역에서도 마찬가지다. 하나님의 '문제'는 그분의 거룩함과 공정함을 유지하면서도 죄인들에게 죄 사함의 길을 제공할 구원 계획을 고안하는 것이었다. 어떻게 해서라도 은혜와 진노가 만날 수 있는 장소가 있어야 했다. 그 장소가 바로 그리스도의 십자가다.

이것이 구원의 역설이다. 하나님은 사랑이기에 죄인들을

용서하기 원하신다. 그러나 그분은 죄를 묵과할 수 없는 거룩한 하나님이시기도 하다. 어떻게 하나님은 죄인들을 사랑하면서도 그들의 죄는 묵과하지 않으실 수 있을까? 아무도 그분의 해답을 생각하지 못했다. 하나님은 그분의 아들을 죄인들을 위해 죽게 하셨다. 그리스도의 죽음으로 죄에 대한 공정한 처벌이 이루어졌고, 그리스도를 신뢰하는 죄인들은 자유로이 용서받을 수 있다. 오직 하나님만 이런 일을 행하실 수 있었다.

생각해 보라. 한 분의 죽음으로 과거와 현재, 미래의 죗값이 완전히 치러졌다. 그 결과 예수님을 믿는 사람은 자신의 죄가 완전히 사라졌다는 것을 알게 된다. 정말 좋은 소식이 아닌가. 하나님의 거룩은 죄의 처벌을 요구한다. 하나님의 은혜는 희생을 제공한다. 하나님이 요구하시는 것을 그분 자신이 제공하신다. 따라서 구원은 처음부터 마지막까지 하나님의 역사다. 하나님이 구원을 생각하시고, 제공하시며, 적용하신다.

그러면 개인적인 질문을 하나 하자. 바로 지금, 당신을 하나님과 멀어지게 하는 죄는 무엇인가? 분노, 정욕, 완고한 불신, 알코올 남용, 화를 절제하지 못하는 것, 사기, 노름, 도둑질, 간음, 낙태, 교만, 탐욕, 어느 것인가?

죄를 생각하고 괴로워할지도 모르는 당신에게 가장 좋은 소식을 말해 주겠다. 당신의 죄가 무엇이든지 상관없다. 아무리 많은 죄를 지었어도 상관없다. 이번 주에 어떤 일을 저질렀는지도 상관없다. 당신이 얼마나 악하든지 상관없다. 당신의 벽장 곳곳에 아무리 많은 해골이 뒹굴어도 상관없다.

그리스도께 나오면 하나님이 당신의 모든 죄에 이런 도장을 찍으신 것을 발견할 것이다.

분노	완불
무절제한 욕망	완불
험담	완불
술취함	완불
간음	완불
도둑질	완불
거짓말	완불
불순종	완불
게으름	완불
교만	완불
살인	완불
뇌물 수수	완불

이것들은 예에 불과하다. 여백에 당신의 삶에 고통을 주

는 어떤 죄든지 적어 넣으라. 당신의 죗값은 예수 그리스도의 피로 완전히 지불되었다.

그분이 모든 대가를 치르셨다

간단한 두 문장으로 이 말의 의미를 요약해 보자.

첫째, 예수님이 완전히 값을 치르셨기 때문에 구원의 역사는 완료되었다. "다 이루었다"는 예수님의 진술이 바로 그런 의미다. 부채는 청산되고, 역사는 성취되었으며, 희생은 완료되었다. 그 희생은 세상 모든 사람의 과거, 현재, 미래의 죗값을 치르기에 충분했다.

그리고 그것은 예수 그리스도의 '완성된 역사'에 대한 그리스도인들의 이야기가 무엇을 의미하는지 설명해 준다. 단지 한마디 말이 아닌 엄청나게 심오한 영적 진리인 것이다. 예수님이 죽음으로 성취하신 것은 매우 장엄하고 절대적이며, 완전해서 결코 반복될 수 없다. 심지어는 예수님 자신도 반복하실 수 없다. 그분의 역사는 "이루어졌다(done)." 인류를 구원하기 위해 하나님이 더 하실 수 있는 일은 없다. 두 번째 계획은 없다. 첫 번째 계획(그리스도의 죽음)으로 충분했기 때문이다.

둘째, 예수님이 완전히 값을 치르셨기 때문에 그것에 다른 것을 덧붙이려는 모든 노력은 실패할 수밖에 없다. 간단하게 설명하면 이렇다. 예수님이 모든 값을 치르셨다면, 당신이 뭔가를 치러야 할 필요가 없다. 자신의 구원을 위해 대가를 치르려고 하는 사람은 예수님이 완전히 값을 치르셨다고 생각하지 않는다는 뜻이다. 그 중간은 없다. 교회 출석, 십계명 준수, 훌륭한 교육, 선행, 구제, 세례 받음, 도덕적 개선, 생활의 개선, 훌륭한 인물이 됨, 결혼 생활에 충실함, 모범적인 자녀 양육, 최선을 다하려는 시도 등은 오히려 함정이 될 수 있다. 물론 이 모든 일은 선하지만, 예수님이 죽음으로 성취하신 일의 의의에 그 무엇도 덧붙일 수 없기 때문이다. 이 일들은 당신이 하나님을 향해 아주 작은 한 발자국을 옮기는 것도 도와줄 수 없다. 결국 모두 예수님에 의한 것이거나, 예수님에 의한 것이 전혀 아니거나 둘 중 하나라는 말이다.

하나님은 당신에게 구원을 팔기 위해 애쓰지 않으신다. 구원을 반값에 제시하지도 않으신다. 구원을 할부로 끊으라고 하지도 않으신다. 대가 없이 구원을 제시하신다. 이미 예수님이 완불하셨으므로 당신이 어떤 값을 지불하려 해서는 안된다. 예수님은 미진한 일을 뒤에 남겨 놓지 않으셨다. 이 세상에 와서 하고자 하신 일을 완료하셨다. 예수님을 신뢰하면 그분이 자신의 역사를 완료하시면서 당신의 죗값을 전부 다 치르셨다는 사실을 알게 될 것이다.

당신의 신용상태는 어떠한가

POINT

모든 인간은 F학점을 받을 수밖에 없다.
모든 시험에서 낙제한 것이다.
그러나 예수님께 나아오면 우리의 F학점은 지워지고
우리가 지은 죄도 영원히 사라진다.
당신의 학점이 아닌,
그리스도의 학점이 당신에게 주어지기 때문이다.
우등생으로 학급의 선두에 서게 되는 것이다.
당신 혼자였다면 여전히 낙제였을 테지만,
예수 그리스도와 함께한다면 그분과 연합하여
A^+ 학점을 받는 것이다.

하나님은 의인을 의롭다 하지 않으신다.
그분은 아직 약한 상태의 그들을 의롭다 하신다.

어느 날, 집 우편함을 열었을 때 하나님에 대한 나의 신용이 어떠한가라는 질문이 떠올랐다. 모든 우편물은 두 더미로 분류할 수 있었다. 신용 카드 청구서와 신용 카드를 신청하라는 안내장. 안내장에 소개된 카드 중에는 매우 좋아 보이는 것도 있었다. 낮은 이자율, 공짜 선물을 받을 수 있는 기회, 나라면 결코 사지 않을 특정 품목에 대한 할인 혜택을 내걸고 있었다.

신용의 개념을 영적인 영역에 적용시켜 보는 것은 어떨까. 당신은 하나님께 얼마만큼 신용을 얻고 있는가? 성경은 깜짝 놀랄 만한 대답을 제시한다. 우리는 모두 영적인 파산자로 태어났다는 것, 더욱이 이미 엄청나게 있는 적자를 더욱 늘리는 데 인생을 보내고 있다는 것이다. 그러나 예수님이 십자가에서 성취하신 일로 인해, 그분이 지니신 무한 신용으로 인해, 하나님은 희망이 없는 파산자들에게 필요한 대로 '차용'을 허락하신다. 그리고 그 대차대조표의 빚을 단번에 갚으신다. 이것이 바로 우리가 영적 채무에서 벗어나 잔고를 늘릴 수 있는 방법이다.

복음의 핵심

이 장은 우리가 원하는 좋은 소식의 핵심을 말하고 있다. 우리는 예수님이 십자가에서 죽으심으로 우리의 죗값을 완전히 치르셨다는 것을 이미 살펴보았다. 우리는 이 사실을 어떻게 적용할 수 있는가? 하나님은 그분을 신뢰하는 악인들을 의롭다고 하신다는 것이다. 하나님은 천국에 있는 계정에 예수 그리스도의 의를 입금하신다. 예수님이 십자가에서 죽으시고, 죽은 자 가운데서 살아나실 때에 행하신 일에 근거하여 죄인들이 무죄를 선고받는 것이다.

그런데 여기서 한 가지 중대한 문제가 일어난다. 하나님이 어떻게 죄인을 사면하실 수 있는가? 아무리 그것이 복음이라 해도, 우리가 이생에서 일을 처리하는 방식에 부합하지 않는다. 하나님은 어떻게 죄인을 사면하실 수 있는가? 세상에서 그런 일이 일어나면, 우리는 재판관이 불의하다고 비난하며 그를 투옥하지 않는가? 하나님이 은혜로써 행하시는 일을 세상은 오심(誤審)이라고 부른다. 하나님은 무슨 근거로 죄인들을 사면하시는가?

우선 깜짝 놀랄 진술로 시작하자. 하나님은 죄인을 사면하실 때, 자신의 무죄 방면을 위해 노력하지 않는 사람을 먼저 찾으신다. 자신들이 원하는 것을 얻기 위해 애쓰지 않는 사람들을 찾으신다. 언뜻 보면 믿어지지 않는 진술이다. 대부분의 사람들은 인생에서 완전한 공짜는 없다고 배웠다. 이 세상에서는 노력한 만큼 얻는다. 열심히 노력하면 보상을 받게 된다. 노력하지 않으면 진보하지 않는다. 이 세상에서는 그것이 진실일지 모르지만, 영원한 구원과 관련하면 진실이 아니다. 우리가 구원을 얻기 위해 기울이는 노력을 중단해야만, 하나님이 우리를 구원하실 수 있다.

많은 사람이(사실 대부분의 사람이) "노력하여 구원을 얻는다"고 생각한다. 그러나 하나님의 구원은 인간의 손으로 직접 만드는 조립품이 아니다. 천국에 가기 원한다면, 그곳에 이르는 첫걸음은 스스로 노력하고자 하는 시도를 중단하는 것이다. 구원을 얻고 싶다면, '노력을 그치고 신뢰하기를 시작해야만 한다. 영혼의 구원 문제에 있어서는, **노력이 무효하다!**

우리의 '노력'을 원하지 않으신다면, 하나님이 우리에게 원하시는 것은 무엇일까? 신뢰다. 그것이 전부다. 그 이상도 이하도 아니며 다른 것은 전혀 없다. 신약 성경에서 **믿음**과 **신뢰**와 **신앙**은 모두, 잠잘 때 체중 전체를 침대에 싣는 것처럼, "완전히 기대다"는 의미를 지닌 동일한 단어의 어근에서 파생한 단어다. 이처럼 우리는 구원에 대한 그분의 말씀을 그대로 믿을 정도로 완전히 하나님을 신뢰해야 한다.

그런데 분명히 해야 할 중요한 사실이 있다. 하나님을 신뢰해야만 한다고 해서, 우리의 믿음이 우리 자신의 행위라는 의미는 아니라는 것이다. 믿음은 구원을 얻게 해 주는 공로가 아니다. 믿음은 구원의 **근거**가 아닌 **조건**이다. 우리의 믿음이 우리 죄를 위해 죽으신 주 예수 그리스도의 인격과 공로에 근거하지 않는 한, 믿음이 우리를 구원할 수는 없다.

'의롭다 하다(justify)'는 말은 의롭다고 선언한다는 뜻이다. 재판장에 의한 최종 판결을 가리키는 법정 용어로서, 피고가 무죄이며 결백하다고 선언하는 것을 말한다. 영적인 영역에 적용할 경우에는 하나님이 예수 그리스도의 죽음과 부활에 근거하여 믿는 죄인을 의롭다고 선언하시는 것을 말한다. 그리스도가 죄인을 위해 죗값을 치르셨기에, 이제 그 죄인은 하나님이 보시기에 의롭다. 물론 그 죄인에게는 사실 죄가 있지만, 믿음을 통해 그를 대신한 그리스도의 죽음의 유익을 받은 것이다. 예수님이 죗값을 치르셨고 죄인은 자유하게 된다. 당신이 의롭다 하심을 받았다면, 당신 이름으로 된 전과 기록이 아무것도 남지 않았다는 것을 뜻한다. 고소가 취하되었다는 것을 의미한다. 죄에 대한 어떤 책임도 없고, 치를 죗값도 없으며, 정죄도 없다. 율법의 모든 요구가 완전하게 충족된 것이다.

성경은 하나님이 악인을 의롭다 하신다고 말씀한다. 이것은 많은 사람이 받아들이기 어려운 사실이다. 대부분 사람들이 하나님은 천국에 의인들을 들이시기 원한다고 생각하기 때문에 죽어서 천국에 들어갈 만큼의 선행을 쌓기 위해 노력한다. 그러나 완전히 잘못 짚었다! 그 어떤 사람도 천국에 들어갈 만큼 선할 수 없다. 수많은 사람이 이 점을 혼동하고 있다. 하나님이 "네 행위를 정결하게 하라. 그러면 너를 구원하리라"고 말씀하셨다 생각한다. 혹은 "내가 네 행위를 정결하게 하리라. 그리고 나서 너를 구원하리라"고 말씀하셨다 생각한다. 그러나 하나님은 결코, 결코 그렇게 말씀하지 않으셨다. 그분은 전혀 다른 말씀을 하셨다. "네가 여전히 더러워도 나는 너를 구원하리라. 그리고 나서 네 행위를 정결케 하도록 도우리라." 이 구절에 밑줄을 긋자. 하나님은 경건치 않은 그 상태의 사람들을 구원하신다. 그것이 칭의(稱義, 의롭다 함)의 기적이다. 당신이 여전히 더럽고 불결한 상태로 그리스도께 나와도 그분은 당신을 구원하실 뿐 아니라, 내면에서부터 당신을 변화시키는 내적 정결의 과정을 시작하신다. 기억하라, 먼저 당신을 구원하시고 그 다음에 정결케 하신다.

많은 사람이 자신이 선하지 않다고 생각하기 때문에 그리스도께로 나아오지 않는다. 자신이 성적인 죄에 빠져 있고, 마약과 알코올 중독에 빠져 있고, 분노와 비탄에 사로잡혀 있고, 참혹하고 파괴적인 인생 길에 영원히 얽매여 있다고 생각한다. 그러나 하나님은 선인을 의롭다 하지 않으신다. 그분은 악인을 의롭다 하는 일을 하신다. 그분은 의인을 의롭다 하지 않으신다. 그분은 아직 악한 상태의 그들을 의롭다 하신다.

지금 천국에서 재판 결과가 나왔다. 나쁜 소식은 당신은 유죄라는 것이다. 좋은 소식은 그리스도가 완전히 의로우시다는 것이다. 당신이 천국 법정의 이 두 가지 판정을 받아들인다면 놀라운 기적이 일어날 것이다. 그리스도가 당신의 죄를 지시고 그것을 그분의 의와 교환하실 것이다.

여기서 복음의 영광이 명료하게 나타난다. 복음은 우리 자신이 결코 마련할 수 없는 것을 우리에게 준다. 구원이 인간의 노력에 달렸다고 한다면, 우리는 모두 전능하신 하나님 앞에서 유죄 판결을 받을 처지다. 누가 감히 "나는 천국에 들어가기에 충분할 만큼 선하다"고 말할 수 있겠는가? 누군가 말했듯이 "떳떳한 마음은 나쁜 기억력의 결과다." 자신이 천국에 들어가기에 충분할 만큼 선하다고 생각하는 사람들은 실제로 자신이 얼마나 악한지 모르는 불쌍한 사람일뿐이다. 의는 우리에게 필요한 것이지만 우리에게 없는 것이다. 그래서 인간의 힘으로는 결코 의로워질 수 없다는 것을 아시는 하나님이 하늘에서 내려오는 의를 우리에게 주신 것이다. 노력으로 얻거나 당연히 받을 수 있는 것이 아니다. 그저 하나님이 우리에게 값없이 선물로 주신 것이다.

DO vs. DONE

세상의 종교들을 비교해 보면 기독교의 단순성을 볼 수 있다. 종교는 두 글자로 설명된다. '하라(DO).' 종교는 하

하나님께 용납받기 위해서 **해야**만 한다고 사람들이 생각하는 일들의 목록이다. 교회 가라, 헌금하라, 십계명을 준수하라, 세례 받아라, 매일 기도하라, 선행을 하라. 목록은 끝이 없다. 항상 …하라 …하라 …하라. 천국에 가기 원한다면, 어떤 일을 하되 죽는 날까지 계속해야 하는 것이다.

이에 반해 기독교는 네 글자로 설명할 수 있다. '이루었다(DONE).' 기독교는 우리의 행위에 근거하지 않고 예수 그리스도가 이미 **이루신** 일에 근거한다. 당신이 천국에 가고 싶다고 해서 반드시 어떤 일을 **해야** 하는 것은 아니라는 뜻이다. 단지 예수 그리스도가 당신을 위해 이미 **이루신** 것을 신뢰하면 된다.

그것은 하늘과 땅 차이다. 하라(do) 대 이루었다(done). 당신 스스로 불가능한 것을 헛되게 열심히 **하든지** 아니면 예수 그리스도가 당신을 위해 이미 **이루셨음**을 믿든지, 둘 중 하나다.

우리의 죄, 그리스도의 피, 그리스도의 의

양말 세 짝이 있다. 파란 양말, 빨간 양말, 흰 양말이 각각한 짝씩 있다. 파란 양말은 당신의 죄를 나타내고, 빨간 양말은 그리스도의 피를 나타내며, 흰 양말은 그리스도의 의를 나타낸다. 파란 양말을 집어 당신의 오른손에 끼우라. 그것은 당신의 죄를 나타낸다. 죄에 완전히 뒤덮인 당신은 철두철미한 죄인이다. 그 상태로 하나님 앞에 나아가려 한다면 심판을 받고 지옥으로 보내질 것이다. 이제 빨간 양말을 집어 파란 양말(죄)을 완전히 덮도록 그 위에 씌우라. 이는 당신의 죄가 그리스도의 피로 덮였음을 나타낸다. 그리고 빨간 양말 위에 흰 양말을 씌워라. 이는 하나님이 그리스도 안에서 당신을 어떻게 보시는지를 나타낸다. 파란 양말을 덮은 빨간 양말을 흰 양말이 덮고 있다. 일단 우리의 죄가 주님의 피로 덮여지면, 하나님은 그분의 아들 예수 그리스도의 의를 우리에게 주신다. 이것이 복음의 기적이다.

한 걸음 더 나가서, 내가 당신의 공식 학점이 찍힌 당신의 성적 증명서 사본을 입수했다고 가정하자. 아니, 당신의 고등학교 성적표를 말하는 것이 아니다. 그보다 훨씬 더 중요한 성적표다. 어떻게 해서 나는 하늘의 '교무실'에서 당신의 '영원한 성적표' 사본을 입수했다. 불행하지만 성적은 좋지 않다. 모든 과목이 다 똑같은 학점이다.

하나님을 추구 – F
선행 – F
순종 – F
율법 준수 – F
온전함 – F

그리 좋지는 않다. 그러나 만일 당신의 학점을 고칠 수 있다면? 한 가지 좋은 소식이 있다. 그 학급의 수석 졸업생이 아주 기꺼이 당신과 학점을 교환하려 한다는 것이다. 모든 과목에서 A⁺를 받은 그의 이름은 예수 그리스도이다. 그래서 하나님이 주신 당신의 최종 학점은 이렇다.

하나님의 우등생 – A⁺

간단하다. 예수 그리스도 없는 당신의 삶에 대한 성적표에는 당신이 저지른 모든 죄 때문에 검은 표시들이 가득할 것이다. 하나님은 모든 인간에게 F학점을 주신다. 우리는 모든 시험에서 낙제다. 그러나 예수님께 나아오면 우리의 F학점은 지워지고 우리가 지은 죄도 영원히 사라진다.

하나님은 어떤 학점을 주실까? 당신은 그리스도께 얻은

학점을 받게 된다. 그분은 모든 과목을 최우등으로 마쳤다. 당신은 가까스로 합격한 것이 아니다. 우등생이다. 학급의 선두에 서게 되는 것이다. 왜? 당신이 매우 훌륭해서? 그렇지 않다. 당신 혼자 놔둔다면 여전히 모든 과목에서 낙제할 것이다. 그러나 예수 그리스도를 신뢰한다면 당신은 그분과 연합함으로 A학점을 받게 된다.

이전에는 F학점을 받은 이유였던 그 의가 이제는 A학점의 이유가 된다. 당신은 절반만 의롭다 함을 받고 절반만 정죄받지 않는다. 부분적으로 사함받고 부분적으로는 처벌받지 않는다. 당신은 전적으로 사함받았다. 당신의 전과는 깨끗이 말소되었다. 당신은 하나님이 보시기에 의롭다고 선언되었다. 그것이 바로 칭의다.

마지막 한 가지 예화를 통해 그 진리의 양면을 함께 살펴보자. 어쩌다가 당신이 은행에 백만 달러를 빚졌다고 가정하자. 당신은 일주일에 10달러씩 그 빚을 갚겠다고 약속했다. 정해진 날이 되어 은행에 가서 10달러를 지불하려 했더니 은행원이 당신의 계좌를 확인하고 이렇게 말한다. "저희 기록에 의하면 선생님은 빚이 없으십니다. 누군가가 선생님의 계좌에 이백만 달러를 입금했기 때문에 빚은 다 갚아진 것이죠."

갑작스런 행운에 얼이 빠진 당신은 잠시 아무 말도 못한다. 대체 누가 그런 일을 했단 말인가? 어떤 부자가 당신이 빚진 백만 달러를 갚아 주고 거기다가 또 백만 달러를 입금했다는 말인가? 그때 한 남자가 당신에게 다가온다. 그는 말한다. "내가 당신의 빚을 갚았습니다. 그리고 당신이 쓸 돈을 약간 더 주기로 했지요." 당신은 더듬거리며 대답한다. "선생님, 뭐라고 감사의 말씀을 드려야 할지…언젠가 꼭 갚도록 노력하겠습니다." 그 말에 그는 이렇게 대답한다. "걱정 마세요. 나는 엄청나게 많은 재산을 가진 억만장자입니다. 돈이 아주 많아서 그 돈을 어떻게 다 써야 할지 모르겠습니다. 갚을 생각은 아예 마세요. 그냥 선물로 드리는 겁니다."

이런 일이 일어날 수 있을까? 적어도 내 상상 속에서는 그렇다. 실제로 이런 일을 할 수 있을 만큼 돈이 많은 사람들도 있다. 언젠가 그들의 돈은 바닥나겠지만 말이다.

그러나 예수님의 경우는 그렇지 않다. 그분에 비하면 억만장자 같은 사람은 가난뱅이다. 그분은 당신의 모든 죄를 사하실 수 있으며 그분의 완전한 의를 당신에게 주실 수 있다. 또 그분의 의는 무한하며 그분의 피는 그 능력을 상실하지 않기 때문에, 믿음으로 그분께 나아오는 세상의 다른 모든 사람에게도 똑같이 행하실 수 있다.

하나님은 당신에게 단순한 제안을 하신다. 당신이 죄인임을 인정하면, 그분은 당신을 의롭다 선언하겠다고 제안하신다. 당신은 예수님을 붙들기만 하면 된다. 그분을 신뢰하면 당신의 죄는 사함받을 것이며, 하늘에 있는 당신의 전과 기록은 깨끗이 지워지고, 하나님이 보시기에 의롭다고 선고받을 것이다.

당신은 하나님이 그분의 아들, 주 예수 그리스도에 대해 하신 말씀을 믿는가?

- 예수님은 세상의 구주시며 하나님께 나아가는 유일한 길이시다.
- 예수님은 당신을 위해 하늘에서 오셨다.
- 예수님은 십자가에서 죽으심으로 당신의 죗값을 치르셨다.
- 예수님은 사흘 만에 죽은 자 가운데서 살아나셨다.
- 예수님은 기꺼이 당신을 용서하신다.
- 예수님은 자신의 완전한 의를 당신에게 주기 원하신다.

"예, 주님. 저는 이 모든 것이 사실임을 믿습니다"라고 말한 적이 있는가? 당신이 천국에 가면, 하나님은 그분의 말씀만큼이나 선하시다는 사실을 발견하게 될 것이다. 결국 하

하나님이 의로 여기시는 것은 당신의 공로가 아니라, 예수 그리스도께 대한 당신의 믿음이다.

구원 얻는 믿음이란 무엇인가

POINT

12년 동안 심각한 출혈병을 앓는 한 여인이 있었다.
그녀는 손을 내밀어 그분의 겉옷 귀퉁이를 만졌고
즉시 치유받았다.
그녀의 믿음은 작은 낟알 같았지만 하나님은
그 믿음을 통해 그녀의 질병이라는 산을 옮기셨다.
그리스도께 나아가는 것은 얼마나 간단한가.
예수님을 만지고 싶은 당신이 해야 할 일은
그분께 손을 내미는 것밖에 없다.

그리스도는 어디에 계시는가? 당신 마음속인가, 아니면 바깥에서 당신이 문을 열기를 기다리시며 계속 문을 두드리시는가?

이 장의 제목으로 제시된 질문은 사람들이 생각하는 것처럼 대답하기 쉬운 것이 아니다. 신약을 읽어 보면, '믿는' 사람이라면 누구나 구원 얻는 믿음을 소유하는 것은 아님이 명백하다. 예수님은 친히 마태복음 7장 21-23절에서, 심판날에 많은 사람이 그분의 이름으로 기적을 행했다고 주장하겠지만 주님은 그들에게 "내가 너희를 도무지 알지 못하니 내게서 떠나가라" 하실 것이라고 경고하셨다. 야고보서 2장 19절은 귀신들까지도 하나님을 믿으며 그 믿음을 인해서 떤다고 알려 준다. 그렇지만 그들은 구원을 얻지 못한다.

그러나 주님은 어떻게 해야 구원을 얻는지 질문한 사람에게 간단한 대답을 해 주셨다. "주 예수를 믿으라 그리하면 너와 네 집이 구원을 얻으리라"(사도행전 16:31). 얼마나 분명한가? 믿고 구원을 얻으라는 말이다. 이와 똑같은 말을 하는 수많은 구절이 있다(특히 요한복음에).

구원이 그리스도를 믿는 것에 달려 있다면, 당신이 참으로 그분을 믿은 때가 언제인지 어떻게 알 수 있는가? '믿다(believe)'라는 단어에는 여러 가지 뉘앙스가 있다. "나는 내일 비가 올 것이라고 믿어요"라고 말할 때 믿는다는 말은 예감에 불과하다. "나는 조지 워싱턴이 미합중국의 초대 대통령이었다는 것을 믿어요"라고 할 때는 확정된 역사적 사실을 언급하는 것이다. 그러나 "나는 전심으로 예수님을 믿습니다"라는 말은 전혀 다른 종류의 진술이다.

구원 얻는 믿음의 요소

구원 얻는 참 믿음은 지성과 감정과 의지를 포함한다. 믿음은 지식에서 출발하여 확신으로 옮겨가서 의탁으로 끝마친다. 각 요소들을 간략히 살펴보자.

지식: 지식은 그리스도인의 믿음의 기초를 가리킨다. 진리에 대한 지적인 이해다. 구원을 얻기 위해서는 무언가를

알아야만 한다. 믿음은 지식에 근거하며 지식은 진리에 근거한다. 구원 얻는 믿음이 발휘되기에 앞서 진리가 선포되어야 한다. 구원 얻는 믿음은 지적인 믿음이다. 바른 지식에 관한 바른 믿음은 구원의 필수 요건이다. 복음은 우리가 알아야 할 정보에 관한 것이다. 물론 정보에 의해 구원을 얻지는 않지만, 그 정보 없이는 구원을 얻을 수 없다. 불타는 건물 안에 있는데 나갈 길을 찾을 수 없다고 상상해 보라. "출구가 어디죠?"라고 소리치니 연기와 흐릿함을 뚫고 대답이 들려온다. "복도를 똑바로 따라 내려가 왼쪽으로 돌아서 계단으로 한 층만 내려가세요. 오른쪽에 출구가 있습니다!" 그러나 출구가 어디 있는지 알았다고 해서 구원을 얻는가? 아니다. 스스로 길을 뚫고 거기로 나가야만 한다. 어떻게 나가야 하는지 모르거나 잘못된 정보를 가지고 있다면 타 죽고 말 것이다. 이처럼 진리를 아는 것만으로 구원 얻지는 않지만 진리가 없이는 구원을 얻을 수 없다.

이 점을 확실히 알아야 한다. 그리스도인의 믿음은 맹목적인 믿음이 아니다. 우리는 아무거나 믿도록 부름받는 것이 아니라 그 무엇을 믿도록 부름받는다. 구원 얻는 참 믿음은 무엇보다 먼저 예수 그리스도를 믿는 것이다. 이것이 가장 중요하다. 그분이 누구시며, 왜 오셨으며, 왜 죽으셨고,

왜 죽은 자 가운데서 살아나셨으며, 어떻게 우리의 구주가 되셨는지 알아야만 한다. 지금 나는 "구원을 얻으려면 신학 공부를 해서 시험을 보라"는 말을 하는 것이 아니다. 그러나 믿음의 기초를 올바로 세우려면 이 진리에 대해 알아야 한다. 믿음은 하나님이 계시하신 사실들에 입각해야만 한다. 믿음은 박약한 공기 위가 아니라 사실들 위에 위치한다. 잘못된 것을 아무리 진지하고 열심히 믿어도 결코 구원받을 수 없다. 지식은 필수다. 그러나 그것만으로는 결코 구원받을 수 없다. 구원 얻는 믿음은 지식으로 시작하지만 거기에서 끝나는 것은 아니다.

확신: 어떤 사실을 알고 그것이 참이라는 것을 납득하는 것을 의미한다. '믿는다'는 뜻을 나타내는 가장 일반적인 성경 단어는 "완전히 믿음직한 것으로 생각하여 신뢰하다"를 의미한다. 그 히브리 단어는 '아멘(Amen)'이라는 말로 쓰이고 있으며, "예, 정말 그렇습니다"라는 뜻을 지닌다. 구원 얻는 믿음은 복음의 사실들에 대하여 "아멘"하는 것을 포함한다.

개인적으로 그 진리를 납득해야 하므로 확신은 필수적이다. 그러나 그것만으로는 구원받을 수 없다. 구원 얻는 참 믿음에 최종적인 한 가지 요소가 더 필요하다.

의탁: 의탁은 믿음의 적극적인 부분이다. '완전히 의지함'이라는 의미로 '신뢰(trust)'라는 단어를 사용할 수도 있다. 참 믿음은 항상 어떤 대상을 의존하기 위해 손을 내민다. 병원에 가면 의사를 믿어야 한다. 법원에 가면 변호사를 믿고 소송건을 그에게 맡겨야 한다. **네 마음에 믿으라, 네 마음으로 믿으라**는 구절이 의미하는 것이다. 어떤 대상이나 사물을 '기꺼이 받아들이다' '용인하다' 혹은 '환영하다'를 의미한다.

구원 얻는 참 믿음은 항상 개인적인 의탁으로 마무리된다. 판매원들은 이 원리를 잘 이해할 것이다. 설명을 듣고 난 고객이 "참 좋은 상품 같군요"라고 말한다면 판매에 실패한 것이다. 고객이 "필요할 것 같아요"라고 말한다면 판매에 근접하기는 했지만 성공한 것은 아니다. 그러나 고객이 "서명란이 어디에 있지요?"라고 말하면 거래는 성사된 것이다.

그 차이를 확실히 알기 위해서

19세기 가장 위대한 줄타기 곡예사 찰스 블론딘(Charles

Blondin)은 1859년 6월 30일, 외줄타기로 나이아가라 폭포를 건너간 역사상 최초의 인물이 되었다. 그가 맹렬한 물살 위 49m 높이에 걸려 있는 작은 밧줄 위로 335m를 걸어가는 것을 보기 위해 2만 5천 명이 넘는 사람이 모였다. 블론딘은 아무 안전 장비도 없이 외줄타기를 했다. 약간만 미끄러져도 바로 폭포 속으로 떨어졌을 것이었다. 그가 캐나다 쪽에 안전하게 도착하자 군중은 거대한 함성을 터뜨렸다.

다음날도, 그 다음날도 블론딘은 여러 차례 폭포를 건넜다. 한 번은 죽마(두 개의 긴 대막대기에 나지막하게 발판을 각각 붙여 발을 올려 놓고 위쪽을 붙들고 걸어다니게 만든것)를 타고 건넜고, 한 번은 자기 매니저를 어깨에 태우고 건넜다. 약 160kg이 되는 시멘트를 실은 일륜거를 밀고 건너가기도 했다. 한번은 환호하는 구경꾼들에게 자신이 일륜거에 사람을 태우고 건너갈 수 있을 것 같은지 물었다. 군중들은 더욱 크게 소리치며 그렇다고 대답했다. 블론딘은 큰 소리로 환호하는 한 사람을 발견하고서 그에게 물었다. "제가 당신을 이 일륜거에 태우고 안전하게 건너갈 수 있다고 생각하십니까?" "물론입니다. 당신은 할 수 있어요!" 블론딘은 웃으며 대답했다. "그럼 타십시오." 그 사람은 거절했다.

이제 그 차이를 알겠는가? 어떤 사람이 혼자 건너갈 수 있다고 믿는 것과 그 사람이 당신을 데리고 안전하게 건너갈 수 있다고 믿는 것은 별개의 일이다. 더욱이 당신 스스로 그 일륜거 안에 들어가는 것은 완전히 다른 일이다. 그것이 바로 지식과 확신, 의탁의 차이다. 믿음은 당신 스스로 결코 할 수 없는 일을 해달라고 다른 사람에게 전적으로 의지하는 것이다.

그러면 천국에 가기 위해서는 믿음이 얼마나 있어야 하는가? 경우에 따라 다르다. 많지 않아도 당신이 가진 전부면 된다. 예수 그리스도를 영접했을 때의 믿음으로 계속 그분을 신뢰하면 구원을 얻을 수 있다. 혹시 구원에 도움이 되도록 무언가를 해야 한다고 생각하며 주저한다면, 당장 그 생각을 그만두라! 구원 얻는 참 믿음은 그리스도를 나의 주인이자 구세주로 받아들이기 위해 손을 내미는 것이며, 그전까지는 참 믿음이라 할 수 없다.

- 구원 얻는 참 믿음은 그리스도에 대한 개인적인 신뢰의 기도를 통해 표현될 수도 있다.
- 구원 얻는 참 믿음은 세례를 통해 표현될 수도 있다.
- 구원 얻는 참 믿음은 '공적인 신앙 고백'을 통해 표현될 수도 있다.

그러나 이러한 것들만으로 구원을 얻는 것은 아니다. 구원 얻는 믿음은 복음을 이해하며, 복음을 믿고, 복음을 구원의 유일한 소망으로 의지하는 것이다. 구원 얻는 믿음은 구세주이자 주인이신 그리스도께 손을 내밀며 그분을 신뢰하는 것이다.

전국적인 시청자 전화 참여 프로그램인 〈오픈 라인(Open Line)〉에서 특별 출연자로 봉사할 때, 엔젤라라는 소녀의 전화를 받은 적이 있다. 그 아이는 내게 어떻게 구원받은 것을 알았냐고 물었다. 나는 그리스도를 믿기 때문에 영생을 소유했음을 알 수 있다고 말하는 요한일서 5장 13절을 인용했다. 그리고 구원은 예수 그리스도를 신뢰함에 달려 있다고 말했다. 그리스도를 신뢰한다는 것은 단지 그분에 대한 사실들을 믿는 것 이상이다. 완전히 그분께 의지하는 것을 의미한다. 다시 지상에 안전하게 착륙하기 위해 비행기 조종사를 신뢰한다. 수술을 받을 때는 의사를 신뢰한다. 법정에서 변호를 받을 때는 변호사를 신뢰한다. 마찬가지로 당신이 예수 그리스도를 신뢰할 때 죄에서 구원 얻는다고 하나님은 말씀하신다. 해야 할 일은 오직 그리스도를 온전히 신뢰하는 것뿐이다. 그러면 구원을 얻을 수 있다. 내가 이 사실을 어떻게 생각하는지 묻자 엔젤라는 불쑥 말했다. "와, 정말 놀랍군요!" 당연하다. 이것은 내가 알고 있는 가장 놀라운 진리니까.

그렇다면 회개는 무엇인가?

예수님이 공적 사역에서 가장 먼저 하신 말씀은 "회개하라"였다. 회개는 문자적으로 '마음을 바꾸다'는 뜻이다. 회개는 생각하는 방식과 관련된 단어다. 전에는 저렇게 생각했는데 이제는 다르게 생각하는 것이다. 마음을 바꾸는 것, 그것이 바로 회개다.

스카이다이빙을 배우고 싶은 사람이 강습소를 찾아간다. 직원들은 그에게 장비를 갖추는 법과 낙하산 줄을 당기는 법, 안전하게 착륙하는 법을 설명한다. 드디어 그는 스카이다이빙을 위해 비행기를 탔다. 사실 죽을까 봐 겁이 났지만 물러서기 싫었다. 그가 점프할 순간이 되었다. 비행기 문에 다가가 2000m 아래 지상을 바라본다. 다리는 후들거리고 멀미가 나는데 누군가 뒤에서 그를 비행기 밖으로 떠밀려고 한다. 참다 못한 그는 말한다. "안되겠어요. 못해요." 교관이 소리친다. "가세요. 할 수 있어요!" 그러나 그는 "생각이 바뀌었어요. 하지 않겠어요"라고 대답한다. 그는 뛰어내리지 않는다. 결정적인 순간에 마음을 바꾼 것이다.

이 이야기는 회개가 어떻게 작용하는지 설명해 준다. 회개는 생각하는 방식이 변한 것으로써 삶의 방식에 변화를 일으킨다. 무언가에 대한 마음을 진정으로 바꾸면 그것에 관해 생각하는 방식, 그것에 대해 말하는 방식, 그것에 대해 느끼는 방식, 그리고 궁극적으로는 그것에 대한 행동이 바뀐다.

진정한 회개와 구원 얻는 믿음은 붙어 다닌다. **회개한다**는 것은 그리스도께 나아가는 것을 방해하는 모든 마음 상태를 바꾸는 것을 의미한다. **그리스도를 신뢰한다**는 것은 그분을 당신의 구주와 주로 삼기 위해, 전심을 다해 믿음으로 그분께 손 내미는 것을 의미한다.

어느 날 예수님이 비좁고 사람들이 북적대는 거리를 지나실 때, 심각한 출혈병을 앓는 한 여인이 다가왔다. 그녀는 손을 내밀어 그분의 겉옷 귀퉁이를 만졌고 즉시 치유받았다. 12년 동안 앓던 고통스러운 병이 단 한 차례의 만짐으로 인해 영원히 사라졌다. 그 여인이 예수님께 아무 말도 하지 않았다는 점을 주목하자. 의심할 여지없이, 그녀는 공공 장소에서 예수님께 말 거는 것을 두려워하고 부끄러워했다. 기적 같은 치유를 받았는데도 인사 한마디 하지 않았다. 그저 단지 군중 속에서 그분을 발견했고, 그 겉옷을 만졌으며, 놀랍게도 치유를 받았으며, 그리고는 그냥 가기 위해 돌아섰다. 바로 그때 예수님이 그녀에게 말을 거셨다. "네 믿음이 너를 구원하였으니 평안히 가라"(누가복음 8:48).

우리는 이 불쌍한 여인에게서 연약한 믿음의 놀라운 능력을 본다. 그녀는 예수님이 누구신지 알았고(지식), 그분이 자기를 도우실 수 있다는 것을 믿었으며(확신), 수많은 군중 가운데서 손을 내밀어 그분을 만졌다(의탁). 그녀는 엄청난 믿음을 가지고 있지 않았다. 작은 낟알 같은 믿음을 가졌지만 하나님은 그 믿음을 통해 그녀의 질병이라는 산을 옮기셨다.

그리스도께 나아가는 것은 얼마나 간단한가. 이 여인은 단 한 번의 만짐으로 치유를 받았다. 고된 노력이, 더 잘하겠다는 약속이 그녀를 치유하지 않았다. 자신을 고쳐 주시면 예수님을 위해 무엇을 하겠다는 제안도 없었다. 여기에는 거래가 전혀 없었다. 그녀는 떨리는 손을 내밀었고 즉시 치유받았다. 오랜 시간이 걸리지도 않았다. 기적이라고 할 수밖에 없을 만큼 신속하게 일어났다.

이 일이 바로 연약한 믿음이 행하는 것이다. 그리스도께 나아가는 것은 어렵지 않다. 가장 어려운 것은 믿음의 손을 내미는 것이다. 예수님을 만지고 싶은 당신이 해야 할 일은 그분께 손을 내미는 것밖에 없다. 이것이 연약한 믿음의 능력이다. 반드시 강한 믿음을 소유해야만 하는 것은 아니다. 강한 대상에게 의존하기만 한다면 약한 믿음이어도 좋다. 누가 예수 그리스도보다 강할 수 있겠는가?

당신의 문제가 하나님께 나아가는 걸림돌이 된다고 느낀 적이 있는가? 예수님과 관계를 맺을 자격이 없다고 생각할 만큼 자신을 더럽고 불결하다고 느낀 적이 있는가? 실망하지 말라. 예수님은 당신의 문제들로 인해 상처받거나 실망하지 않으신다. 그분은 이미 모든 것을 아신다. 그분은 당신을 외면하지 않으신다.

문 밖에 서 계시는 그리스도

성경의 마지막 책(요한계시록)에는 문 밖에 서서 두드리시는 그리스도의 모습이 나온다. 요한계시록 3장 20절에 나오는 그 장면에서, 그리스도는 미적지근하고 무기력한 교회에 들어가 그분을 맞아들이는 자들과 교제하겠다고 청하고 계신다. 이는 예수님이 우리 각 사람에게 어떻게 다가오시는지 보여 주는 놀라운 광경이다. 그리고 이 광경에는 믿음의 세 가지 요소가 명백하게 나타난다.

내가 문 두드리는 소리를 듣는다-지식
내가 문에 다가간다-확신
내가 문을 연다-의탁

그래야만 예수님이 들어오셔서 내 마음속에 거하신다. 나는 몇 년 전 이런 가사의 어린이 합창곡을 배웠다. "문은 하나요 오직 하나, 하지만 그 면은 둘이라네. 안쪽과 바깥쪽, 당신은 어느 쪽에 서 있나요?"

이는 모든 사람이 숙고해야 할 중대한 질문이다. 그리스도는 당신의 마음문 어느 쪽에 계시는가? 안쪽에 계시는가, 아니면 여전히 당신이 문 열기를 기다리면서 계속 문을 두드리며 바깥에 서 계시는가? 예수님이 문 두드리는 소리를 들었다면 우물쭈물하지 말라. 문을 열고 그분을 모셔 들이라. 이것이 구원 얻는 참 믿음이다.

그리스도께 나아감

8

POINT

그리스도인은 주 예수 그리스도를 알고, 구원 얻는 참된 믿음을 통해, 하나님을 개인적으로 깊이 알게 된 사람이다. 모든 그리스도인은 교인이라 할 수 있지만 모든 교인이 반드시 진실한 그리스도인이라고 할 수는 없다는 뜻이다.

날 사랑하심, 날 사랑하심, 날 사랑하심. 성경에 써 있네

-찬송가 411장

여기까지 읽었다면 아마 이 다음에는 어떤 내용이 이어질지 짐작할 것이다. 이제는 문을 열고 그리스도를 당신 삶의 구세주이자 주인으로 모셔 들이는 일에 대해 말할 차례다. 그러나 그러기에 앞서, 그리스도께 나아간 한 사람의 귀한 체험담을 소개하겠다. 보브 존슨이란 사람이 자기 동생 짐을 내게 소개했을 때 알게 된 이야기다. 내가 짐을 만났을 때, 그는 몇 년 간 괜찮았다가 재발된 암으로 인해 심각한 상황에 처해 있었다. 자리에서 일어설 수도 없을 만큼 고통에 시달리고 있었다. 악수를 나누고 난 후, 짐은 자기를 위해 기도해 달라고 절망적인 목소리로 말했다. 구주를 갈망하지만 어디에서 찾아야 할지 모르는 사람 같았다. 한두 달 동안 교회에서 짐을 볼 때마다 그와 악수를

나누고 최대한 그를 격려하려고 애썼다.

어느 날 보브에게 전화가 왔다. 짐이 병원으로 실려 가는데 나를 보고 싶어 한다는 것이다. 내가 병실에 들어서자 짐은 하고 싶은 말이 많다며 천천히 자신의 인생사를 풀어놓기 시작했다.

그는 기독교 가정에서 자라났지만 오랫동안 주님을 떠났었다고 말했다. 군대에서 오랜 시간을 보낸 그는 자신의 군 복무에 대해 매우 자부심을 느끼고 있었다. 그러나 바로 그 기간에 하나님을 떠나서 방황했었다. 그리고 몇 년 전에 암에 걸려 치료를 받았고, 호전되었다고 생각했는데 다시 재발했다.

짐은 말했다 "이제 저는 죽은 몸입니다. 의사들은 말해 주지 않지만 이미 알고 있습니다. 척추암이라는 것을 말입니다. 퇴원할 수 있을지 모르겠어요."

그리고 이야기는 계속되었다. 어느 날 짐은 어렸을 때 자주 들어서 친숙한 찬송가 〈예수 사랑하심은〉을 들었고, 그 찬송을 따라 부르기 시작했다. 그리고 그의 말에 의하면, 그가 찬송을 부르는 동안 "그 일이 일어났다!" 무슨 일이 일어났을까? 〈예수 사랑하심은〉을 부르는 동안 짐은 예수님을 신뢰하게 되었고 결정적인 회심을 경험한 것이다. 그 일은 진짜였고 분명했으며 그의 삶에 일어난 강력한 변화였다.

짐은 이야기를 하다가 갑자기 내 옷깃을 부여잡으며 말했다. "레이 목사님, 젊은이들에게 꼭 말씀하셔야 합니다. 그리스도가 유일한 해답이라고 말해 주세요. 젊은이들이 이 사실을 알아야만 합니다. 그래야 저처럼 많은 세월을 허비하지 않아요." 그리고 자신의 이야기를 최대한 모든 사람에게 전해 달라고 부탁했다. "살아 있는 동안 최대한 많은 사람을 돕고 싶습니다."

그리고 나서 그는 내가 전혀 예상치 못한 말을 했다. "저는 이제 천국에 갈 수 있다는 것을 압니다. 그런데 딱 한 가지 문제가 있어요. 제겐 증명서가 없습니다." 처음에는 그가 무슨 말을 하는지 몰랐다. 아마 그의 친구가 천국에 들어가려면 증명서가 있어야만 한다고 말한 것이 분명해 보였다. 그것은 아마도 일종의 교인 증명서나 세례 증명서를 가리키는 듯했다. 어쨌든 그는 다른 사람에게 내보일 아무것도 가지고 있지 않았기 때문에 이 문제로 매우 괴로워했다. 그는 격한 감정을 드러내며 네 번이나 이렇게 말했다. "하지만 전 증명서가 없어요." 그 문제로 크게 괴로워하는 것을 알 수 있었다.

나는 교회로 돌아온 후, 짐에게 증명서가 필요하면 하나

그리스도께 나아감 · *141*

만들어 줄 수도 있다고 생각했다. 그래서 문구를 적어 비서에게 넘겨주었다. 그녀는 훌륭하게 디자인한 멋진 종이에 그 문구를 인쇄하여 증명서를 만들었다. 나는 거기에 사인한 후 액자에 넣었다. 거기에는 이렇게 적혀 있었다.

하나님의 말씀의 증거에 의거하여,
또한 예수 그리스도에 대한 그의 신앙 고백에 의거하여

짐 존슨

위 사람은 예수 그리스도를 자신의 구세주이자 주인으로 믿는
거듭난 그리스도인임을 증명합니다.
"아들이 있는 자에게는 생명이 있고
하나님의 아들이 없는 자에게는 생명이 없느니라"
(요한일서 5:12).

"날 사랑하심, 날 사랑하심, 성경에 써 있네."

그 증명서를 받은 짐은 45분 간 내내 눈물을 흘렸다. 후에 그의 가족들은 그가 잘 볼 수 있도록 그 증명서를 벽에 붙여 놓았다. 그는 방문한 모든 사람에게 증명서를 보여 주었다. 짐의 장례식 날, 우리는 그 증명서를 관 속에 함께 넣었다. 증

명서는 부활의 날까지 짐의 시신과 함께 거기 있을 것이다.

이처럼 모든 사람에게는 소망이 있다. 그리스도께 나아가는 것은 단순히 어떤 구절을 암송하거나 종교 의식에 철저히 참석하는 것이 아니라, 믿음으로 주님께 손을 내미는 마음의 문제다. 짐 존슨은 그리스도께 나아가기에 늦은 때는 없다는 사실을 깨달았다. 그러나 짐이 원했던, 죽으면 천국에 갈 것이라는 사실을 확증해 줄 증명서는 없어도 된다. 내가 그 종이에 적은 몇 마디 말은 그저 이 책의 메시지를 요약한 것에 불과하다. 당신에게는 천국에 갈 증명서가 필요 없다. 그러나 예수 그리스도, 오직 그분만 신뢰해야 할 필요는 있다.

복음은 도움이 필요하다는 사실을 인정하는 것을 부끄러워하지 않는 사람들을 위한 하나님의 해답이다. 그렇다면 왜 어떤 사람들은 예수님께 나아가는 것이 그토록 오래 걸리는가? 어떤 사람은 그 이유를 "그들이 아직 최악의 상황에 빠지지 않았기" 때문이라고 해석한다. 최악의 상황에 처하면 사람은 기도밖에 할 수 없게 되어, 결국에는 신의 도움을 바라고 부르짖게 된다는 것이다. 많은 사람이 늑장을 부리다가 하나님께 나아가지 못한다. 많은 사람이 앞으로도 살 날이, 결정할 시간이 많이 남았다고 생각한다. 그러나 인생은 무엇 하나 예측할 수 없는 불확실성이 충만하다. 한순

그리스도께 나아감 · *143*

간 정상에 올랐다가도 그 다음 순간 추락하면 끝나는 것이 인생이다.

당신이 그리스도와 함께 어디에 서야 할지 결정해야만 할 때가 온다. 누구도 영원히 중립적인 태도를 취할 수는 없다. 결정하지 않는 것 자체가 하나의 결정이다. 당신이 그리스도께 '예' 하지 않는 것은, '아니오'라고 말하는 것이다. 빌리 그레이엄의 말을 인용하면, 조만간 모든 사람에게 "결정의 시간이 다가온다." 당신에게 이 시간이 그리스도께 '예'라고 말하는 시간이 되기를 바란다.

쉽게 말하는 복음과 구원

우리가 지금까지 배운 것을 되돌아보자. 일곱 개의 간단한 진술로 복음의 메시지 전체를 요약할 수 있다.

나의 필요를 인정함: 나를 지으신 하나님을 아는 것
하나님의 심판을 받아들임: 유죄 선고
진실을 직면함: 스스로 구원하기에 무력함
하나님의 해결책을 인정함: 주 예수 그리스도

예수님이 행하신 일을 기억함: 십자가와 빈 무덤

당신의 신뢰를 이전함: 나에게서 그리스도께로

영원한 구원을 받아들임: 나의 죄를 위한 그분의 의

이 구절들의 의미를 이해한다면, 당신은 천국에 가기 위해 알아야 할 모든 것을 알고 있는 것이다. 복음은 우리를 창조하신 하나님에게서 시작된다. 우리는 원래 하나님을 알도록 지음받았지만, 죄로 인해 하나님에게서 분리되었다. 우리는 죄 때문에 하나님이 보시기에 완전한 죄인이며 스스로 구원을 얻을 수 없는 존재인 것이다. 하나님의 은혜가 없다면 우리는 우리의 죄로 인해 죽을 것이다. 하나님이 우리를 위해 일하지 않으신다면 우리는 영원히 멸망한다. 복음의 좋은 소식은 하나님이 우리를 위해 어떤 일을 행하셨다는 것이다. 하나님은 그분의 아들 예수 그리스도를 세상에 보내셨다. 예수님은 하나님의 뜻을 완벽하게 성취하셨고 하나님의 율법을 완전하게 순종하셨다. 모든 인간이 비참하게 실패한 영역에서 성공하셨다. 예수님은 자신을 위해 죽으신 것이 아니고(그분에게는 죄가 없으셨으므로) 우리를 대신하여, 우리의 죄를 지고, 우리의 형벌을 감당하시며 정죄를 당하신 것이다. 우리가 마땅히 받아야 할 것을 대신 당하셨다.

그리스도께 나아감 · *145*

그리고 사흘 만에 죽은 자 가운데서 살아나심으로써 그분의 모든 주장을 입증하셨다. 구원은 모든 사람에게 제공된다. 그러나 거기에는 자기 신뢰와 자기 확신에서 돌이켜 온전하고 철저하게 그리스도만을 신뢰한다는 조건이 붙어 있다. 그렇게 그리스도를 신뢰할 때, 하나님은 우리에게 그리스도의 의를 부여하시며 우리의 죗값은 완전히 지불된다. 우리는 이렇게 예수님이 2천 년 전에 성취하신 일로 말미암는 유익을 받게 되는 것이다. 이것이 예수 그리스도의 복음이다.

성경은 전심으로 그리스도를 우리의 주와 구주로 신뢰할 때 어떤 일이 일어나는지 수많은 어휘와 문구로 설명하고 있다. 우리는 용서받았고, 중생했고, 하나님이 보시기에 의롭다고 선언되었고, 새 생명을 얻었고, 사함받았고, 죗값에서 자유케 되었고, 하나님과 새로운 관계에 들어갔고, 하나님의 자녀라 칭함받고, 죽은 후 천국에 들어갈 보장을 얻었다. 이것이 '총체적인 구원'이다. 이 구원이 거저 주어졌다고 해서 값싼 것은 결코 아니다. 하나님이 그분 독생자의 죽음이라는 값비싼 대가를 치르신 것이다.

이 모든 것은 그 구원을 바라는 모든 사람, 누구에게나 유용하다. 하나님이 제공하시는 것이 지금 당신 눈앞에 있다. 그것을 어떻게 할 것인가?

간단히 말하는 구원

이 메일로 이런 질문을 받은 적이 있다.

그리스도인을 어떻게 정의할 수 있습니까? 유대교인이나 힌두교도, 불교도가 아니라면, 보통 가톨릭이나 루터교, 감리교나 침례교에 상관없이 그리스도인이라고 하지 않습니까? 하지만 가만히 생각해 보면 그 말에는 더 구체적인 의미가 있어야 할 것 같습니다. 그리스도인이라면 단지 가톨릭, 루터교, 감리교, 침례교나 기타 교파의 사람을 가리키는 것이 아니라 진정한 신앙인을 가리켜야 하지 않습니까? 그렇다면 그리스도인이란 말과 교인이란 말은 어떤 차이가 있습니까?

정말 훌륭한 질문이다. 이 질문은 그 사람이 영적인 문제들에 대해서 진지한 생각을 하고 있음을 보여 준다. 또한 그녀가 오랫동안 수많은 사람들에게 혼동을 주었던 핵심적인 문제를 간파했음을 나타낸다. 그리스도인이 되는 것과 교인이 되는 것의 차이는 무엇인가? 그리스도인은 주 예수 그리스도를 알고 구원 얻는 참된 믿음을 통해 하나님을 개인적으로 깊이 알게 된 사람이라고 말하는 것이 가장 간단한 대답이다. 이 말은, 모든 그리스도인은 교인이라 할 수 있지만, 모든 교인이 반드시 진실한 그리스도인이라고 할 수는 없다는 뜻이다. 명제는 참이지만 그 역은 항상 참이 아닌 수학의 원리에 부합하는 것이다. 그리스도를 통해 하나님을 아는 것은, 믿음을 통해 가능해진 개인적인 관계에 관한 것이다. 종교적인 의식이나 단순히 '교회에 가입하는 것'이 아니라는 말이다.

이 사실은 매우 중요한 점을 말해 준다. 우연히 기독교에 '흘러 들어온' 사람은 아무도 없다는 사실이다. 우리는 의식적으로 그리스도를 구세주요 주인으로 신뢰해야만 한다. 찰스 스펄전의 말을 빌자면, "당신은 결코 군중에 휩쓸려 얼떨결에 천국에 갈 수 없다." 천국에 수많은 사람들이 있게 될 것은 사실이지만, 우르르르 무더기로 천국에 가는 것은 아니다. 한 번에 한 사람씩 가는 것이다. 하나님은 개인을 구원하지, 대중이나 집단을 구원하지 않으신다.

요한복음 1장 12-13절은 구원을 바라고 그리스도께 나아가는 것이 무엇을 의미하는지 간단하게 진술한다. "영접하는 자 곧 그 이름을 믿는 자들에게는 하나님의 자녀가 되는 권세를 주셨으니 이는 혈통으로나 육정으로나 사람의 뜻으로 나지 아니하고 오직 하나님께로서 난 자들이니라."

간단한 첫걸음 – 그분을 영접함 "영접하는 자들에게는." 구원의 길은 간단한 첫걸음으로 시작된다. 그것은 바로 그리스도를 나의 구세주이자 주인으로 영접하는 것이다. 영접한다는 말은 방문객을 맞아들인다는 뜻이다. 누군가 문을 두드릴 때 문을 열고 그를 맞이하는 것이 곧 영접하는 것이다. 그리스도를 영접하는 것은 그분을 귀중한 손님으로 맞아들여서 당신 마음속에 거하시도록 하는 것을 의미한다.

놀라운 결과 – 하나님의 자녀 "하나님의 자녀가 되는 권세를 주셨으니." 권세라는 말은 '명예' 혹은 '특권'을 의미한다. 그리스도를 당신의 삶에 영접하는 순간, 하나님은 당신에게 그분의 가족이 되는 명예를 부여하신다. 우리는 이 사실에서 모든 사람이 하나님의 자녀는 아니라는 것을 알 수 있다. 하나님은 모든 사람을 창조하셨지만 그렇다고 세상 모든 사람이 하나님의 자녀인 것은 아니다. 때때로 사람들은 경솔하게 "우리는 모두 하나님의 자녀"라고 말하지만, 성경은 결코 그렇게 말하지 않는다. 하나님은 개인적인 믿음을 갖고 그리스도를 구세주이자 주인으로 영접하는 사람들에게만 그분의 자녀가 되는 특권을 부여하신다.

이 사실을 알게 된 당신은 이제 이렇게 자문해 보라.

"모든 사람이 하나님의 자녀는 아니다. 그러면 나는?"

"모든 사람이 영생을 가진 것은 아니다. 그러면 나는?"

"모든 사람이 천국에 가는 것은 아니다. 그러면 나는?"

신비한 진리 - 하나님에게서 난 자 "이는 혈통으로나 육정으로나 사람의 뜻으로 나지 아니하고 오직 하나님께로서 난 자들이니라". 이 구절은 하나님의 은혜가 자동적으로 한 세대에서 다음 세대로 전달되지 않는다는 것을 우리에게 가르쳐 준다. 단지 부모가 그리스도인이었다거나, 할아버지가 장로였다거나, 삼촌이 집사라고 해서 당신이 그리스도인인 것은 아니다. 단지 당신이 훌륭한 가정에서 자랐고 좋은 교육을 받았다고 해서 하나님께 점수를 따는 것도 아니다. 당신은 인간적인 노력을 통해서 자신을 구원할 수 없다. 그리고 그렇게 하려고 애써도 안된다.

복음의 모든 것은 "하나님에게서 난 자"라는 짧은 구절 속에 들어 있다. 구원은 주님께 속한 것이다. 거저 주어지는 선물이다. 완전히 공짜며, 완전히 은혜에 속한 것이다. 당신은 당신의 역할을, 하나님은 하나님의 역할을 각각 해야만 하는 협력 사업이 아니라는 말이다. 이 글을 읽고 "구원에 있어 제 역할이 없다고요?"라고 이의를 제기할 사람도 있을지 모른다. 물론 당신이 해야 하는 역할이 있기는 하다. 무기력하게 죄에 빠져 있는 것이 당신의 역할이다. 당신을 구원하는 것은 하나님의 역할이다. 이처럼 모든 공로는 하나님에게만 있다. 구원은 시종일관 하나님의 역사인 것이다.

예수님께 내 모든 것을 건다

마침내 결정의 순간이 다가왔다. 최종 결론을 내리기 전에 잠시 쉬었다 가도록 하자. 간단한 수수께끼를 내겠다. 개구리 세 마리가 통나무 위에 앉아 있다. 그 중 두 마리는 뛰어내리기로 결정한다. 그러면 통나무 위에는 몇 마리가 남는가? 초등학생도 알 정도로 쉬운 문제다. 셋에서 둘을 빼면 하나 아닌가. 그러나 틀렸다. 셋이다. 뛰어내리기로 결정했다는 것은 아직 통나무 위에 있다는 말이다. 행동으로 옮겨서 뛰어내린 것이 아니다. 실제로 뛰어내리기 전까지, 개구리는 여전히 통나무 위에 앉아 있다. 그렇다면 지금 당신의 상태는 어떠한가? 뛰어내리기로 결정하였는가, 아니면 실제로 뛰어내렸는가?

이 수수께끼는 많은 사람이 예수 그리스도와 관계 맺는 방식을 아주 잘 묘사해 준다. 그들은 예수님을 알기 원한다. 자신에게 그분이 꼭 필요하다는 것을 안다. 진정으로 자신의 죄를 알고 용서받기 원한다. 어쩌면 이전부터 '뛰어내리기로 결정'했는지도 모른다. 그러나 뛰어내리기 전까지는, 여전히 통나무 위에 앉아 있는 것이다. 성경적인 용어를 사용하면 여전히 잃어버린 자들인 것이다. 그리스도를 '영접하기로 결정하는 것'은 좋은 일이다. 그러나 믿음으로 그분을 '영접하는 것'은 더욱 좋은 일이다.

2천 년 전 본디오 빌라도는 군중에게 물었다. "너희는 내가 예수를 어떻게 하기 원하느냐?" 군중들은 눈이 벌개져서 소리쳤다. "십자가에 못 박으소서!" 빌라도는 결정에 대한 책임을 모면하기 위해 그런 질문을 던졌지만, 결코 그의 뜻대로 되지 않았다. 결국 우리는 각자 개인적으로 예수를 어떻게 할지 결정해야만 하는 것이다.

호기심이 당신을 진리로 인도한다면 그것은 선한 것이다. 그러나 끝없는 논쟁은 진리를 회피하는 방법이 될 수 있다. 결국 진리는 개인의 책임을 요한다. 당신은 그것에 대해 말할 수 있고, 토론할 수 있고, 논쟁할 수 있고, 비평할 수 있지만, 마지막에는 그것에 대해 어떤 결정을 내리지 않으면 안 된다. 하나님의 관점에서 보면 그리스도를 믿는 것은 초청이자 명령이다. 그리스도가 행하신 모든 일에 비추어 볼 때, 우리는 그분을 구세주와 주인으로 신뢰하도록 초청받은 것이다. 이것은 더 나은 다른 제안을 발견할 여지를 남겨 둔 채 취하거나 버릴 수 있는 대안에 불과한 것이 아니라는 말이다. 하나님이 우리에게 그리스도를 믿으라고 명하셨다는 말에는, 우리가 영생이라는 그분의 제안을 거부하면 잘못된 결정으로 인해 영원히 후회하게 된다는 의미가 있다. 성경에 따르면 불신의 죄는 모든 죄 중에서 가장 크다. 예수님을 믿지 않는 사람들은 이미 하나님의 진노 아래 있는 것이다. 이 엄중한 진리가 우리로 하여금 멈추어 깊이 생각하게 만들어야 한다. 중대한 문제들이 제기되어 있는 것이다. 우리는 복음을 경시하지 말아야 한다.

구약 성경에는 하나님이 불순종한 이스라엘 백성들의 죄를 심판하시려고 불뱀을 보내셨다는 이야기가 실려 있다. 이스라엘 백성이 하나님께 자비를 베풀어 달라고 요청하자, 하나님은 모세에게 놋뱀을 장대에 달아 모든 사람이 볼 수 있는 곳에 세우라고 말씀하셨다. 그리고 백성들은 장대 위의 놋뱀을 바라보면 살 것이라는 말을 들었다. 그저 바라보면 산다. 이처럼 간단한 행동에 그토록 놀라운 결과가 주어지다니. 신약 성경은 그 이야기를 예수 그리스도의 사역에 적용한다. 광야에서 놋뱀이 들린 것처럼, 예수님도 우리 죄를 위해 죽으시기 위해 십자가 위에 '들리셨다.' 바라보고

살라! 믿음으로 예수님을 바라보라. 그러면 영생을 얻을 것이다. 그러나 바라보기를 거부한다면 당신은 죽을 것이다. 바라본다면, 당신은 살 것이다.

다음 말들을 곰곰이 생각해 보라.

내가 살지 않았던 삶에,
내가 죽지 않았던 죽음에,
나의 영원 전체를 건다.

위의 구절들은 그리스도인이 된다는 것의 의미다. 그리스도가 그분의 삶과 죽음으로 당신을 위해 행하신 일에 당신의 영원을 걸 정도로 그리스도를 신뢰한다는 의미다. 나는 때때로 사람들에게, 구원을 위해 예수님을 신뢰하는 것은 만일 예수님이 당신을 천국에 데려가지 못하신다면 당신은 그곳에 갈 수 없다고 믿을 정도로 철저하게 그분을 신뢰하는 것을 의미한다고 말한다. 당신은 기꺼이 그렇게 신뢰할 준비가 되어 있는가?

당신의 약속을 아주 간단한 기도로 표현하는 것이 도움이 될 것이다. 당신이 다음과 같은 기도를 하길 권하지만, 단지 그 기도문을 따라하는 것만으로는 구원을 얻지 못한다고 경고한다. 기도가 우리를 구원하는 것은 아니다. 오직 그리스도만 우리를 구원하신다. 하지만 기도는 구원을 얻는 참 믿음으로 주님께 손을 내미는 훌륭한 수단이다. 만일 믿음으로 이 말들을 따라 기도한다면 그리스도는 당신을 구원하실 것이다. 믿어도 좋다.

주 예수님, 저는 너무나 오랫동안 주님 없이 제 삶을 살았습니다. 제가 죄인이며 스스로 구원을 얻을 수 없다는 사실을 압니다. 주님이 문 두드리시는 소리를 듣는다면, 이제 더는 문을 닫아 두지 않겠습니다. 믿음으로써, 주님이 주시는 구원의 선물을 기쁘게 받겠습니다. 예수님을 저의 구세주로, 주인으로 신뢰할 준비가 되어 있습니다. 예수님, 절 위해 이 땅에 오심을 감사합니다. 주님이 하나님의 아들이심과 제 죄를 위해 십자가에서 죽으시고 사흘 만에 죽은 자 가운데서 살아나셨음을 믿습니다. 제 죄를 대신 지시고 제게 영생의 선물 주심을 감사합니다. 주님의 말씀은 참됩니다. 내 마음에 들어오셔서 나의 구주가 되어 주십시오. 아멘.

진지한 믿음으로 이렇게 기도하라. 당신이 그리스도를 당신의 구세주와 주인으로 신뢰하면서 믿음으로 그분께 나아갔다는 것을 상기시키는 표시로, 기도문에 오늘 날짜를 쓰고 서명을 하는 것도 좋다.

결국 내가 당신을 대신해 믿거나, 당신이 나를 대신해 믿을 수 없다. 예수님은 "내게로 오라"고 말씀하셨다. 그분께 나아가겠는가? 스스로 와서 그분을 바라보라. 그리스도가 당신의 삶을 어떻게 바꾸실 수 있는지, 와서 직접 발견하라.

두려움이 있다면 마음을 편하게 하라. 주님은 구도자를 외면하지 않으신다. 그분은 당신을 무시하지 않으실 것이다. 당신은 스스로 보게 될 것이다. 하나님이 당신을 초청하시더라도, 당신이 발을 떼어 그분 앞으로 나아가야만 한다. 주저하지 말라. 핑계를 그치라. 그리스도께 나아가 구원을 얻으라. 그분을 신뢰하라. 그러면 새로운 삶이 시작될 것이다.

내 모습 그대로

1822년에 샬로트 엘리어트(Charlotte Elliott)라는 젊은 여인이 친구들을 방문하는 중에 세자르 말란(Cesar Malan)이라는 저명한 목사를 만났다. 저녁 식사가 끝나자 말란 목사는 그녀에게 그리스도인이냐고 물었다. 그녀가 그 주제에 대해 말하고 싶지 않다고 하자 그가 말했다. "기분을 상하시게 하려는 것은 아니었습니다. 하지만 만일 당신이 예수님께 돌아오기만 한다면 그분이 당신을 구원하실 수 있다는 것을 아셨으면 해서요." 몇 주 후에 그들은 다시 만났다. 엘리어트는 그리스도께 나아가려고 애썼지만 어떻게 해야 할지 모르겠다고 말했다. 말란 목사는 말했다. "당신의 모습 그대로 그분께 나아가시면 됩니다." 그녀는 그 충고를 마음속에 새기면서 이렇게 시작되는 시 한 편을 지었다(한글 찬송가 339장 영문 직역).

~~내 모습 그대로,~~
날 위해 흘리신 주님 피 외에
간청할 근거 전혀 없어도
주님 날 오라 하시니
오 하나님의 어린 양, 제가 갑니다, 제가 갑니다.

1849년에 윌리엄 브래드베리(William Bradbury)가 그 가사에 곡을 붙였다. 그 이후로 이 시는 가장 사랑받는 찬송 중 하나가 되었다. 빌리 그레이엄은 수년 동안 이 찬양으로 그의 십자군 운동 설교를 마쳤다. 특히 3절은 엘리어트 자신의 간증이다.

내 모습 그대로,
비록 흔들리고 요동해도
수많은 갈등, 수많은 의심 있어도
안팎에 싸움과 두려움이 있어도
오 하나님의 어린 양, 제가 갑니다, 제가 갑니다.

마지막 절은 복음의 약속을 담고 있다

내 모습 그대로,
주님 영접하고, 맞아주시며
사하시고, 정케 하며, 위로하시니
주님 약속을 내가 믿기에
오 하나님의 어린 양, 제가 갑니다, 제가 갑니다.

이는 또한 하나님이 당신과 내게 하신 약속이다. 당신 모습 그대로 주께 나아간다면, 그리고 복음의 약속을 믿는다면, 그분은 맞아 주시고 사하시며, 정결케 하시고 위로하실 것이다. 당신이 위대한 하나님의 어린 양, 예수 그리스도께 믿음으로 나아가 그런 경험을 하기 바란다.

새로운 방향으로
나아가는 첫걸음

POINT

주 예수 그리스도를 신뢰하는 순간,
당신은 과거의 죄악에서 건져져 구원받았다.
주님을 의지하고 그분의 명령을 순종할 때,
당신은 순간 순간 죄의 권능에서 구원받고 있다.
당신이 마침내 천국에서 주님 앞에 서게 될 때,
미래의 당신은 죄의 실재로부터 구원받게 될 것이다.

그리스도인이 된다는 것은 <mark>세상에서 시작하여 천국에서 마칠 여행길</mark>에 오른 것이다.

이제 그리스도를 구세주이자 주인으로 신뢰하는 것은 당신이 앞으로 할 가장 중요한 결정이 되었다. 그리스도가 당신을 위해 행하신 일로 인해 당신의 운명은 완전히 변했다. 그러나 그것으로 이야기가 끝나는 것은 아니다. 여러 가지 면에서 보면 단지 시작에 불과하다.

중생(born-again)이라는 용어를 들어 보았는가? 들어 보았다고 해도 그 생경한 단어가 어디에서 유래되었는지 궁금했을 것이다. 원래 그 용어는 예수님의 입에서 나온 것이었다. 구원 얻는 믿음으로 예수님께 나오는 사람들에게 그분이 주시는 새 생명을 묘사하신 단어다. 육체적인 출생이 육체적인 성장으로 이어지는 새 생명을 낳는 것처럼, 영적으로 다시 태어난다는 중생은 영적인 성장으로 이어지는 전

새로운 방향으로 나아가는 첫걸음 · *161*

혀 새로운 생명을 산출한다.

성경적인 의미로 보면 구원은 세 부분을 포함하고 있다. 첫째, 주 예수 그리스도를 신뢰하는 순간, 당신은 과거의 죄악에서 벗어나 구원받았다. 둘째, 주님을 의지하고 그분의 명령을 순종할 때, 당신은 순간 순간 죄의 권능에서 구원받고 있다. 셋째, 당신이 마침내 천국에서 주님 앞에 서게 될 때, 미래의 당신은 죄의 실재로부터 구원받게 될 것이다. 그날에는 죄와 그 더러운 결과들이 당신의 삶에서 단번에 제거될 것이다. 신자들이 지금 구원을 누리고 있는 것이 사실이지만, 더 좋은 것은 아직 오지 않은 셈이다.

나는 당신의 삶을 변화시킬 수 있는 어떤 좋은 소식을 약속하면서 이 책을 시작했다. 그 좋은 소식의 일부는 이것이다. 일단 그리스도를 신뢰하면 죄를 용서받으며, 그리스도가 당신의 삶으로 들어오시고, 당신이 하나님의 가족이 되며, 영생을 선물로 받는다는 것이다. 당신은 죽음을 두려워할 필요가 없다. 이 세상에서 마지막 숨을 거둔 후에, 주 예수와 더불어 영원히 거하기 위해 천국에 가게 될 것이기 때문이다.

언젠가 집회를 마치고 공항까지 가는 나를 한 노부부가 차로 태워다 주었다. 남편은 내게 아들이 서른세 살에 죽은 비극적인 이야기를 들려 주었다. 아들이 선교사 훈련을 막 마쳤을 때 암에 걸렸다는 사실을 발견했고 불과 3개월 만에 죽었던 것이다. 아들은 죽기 전에 이렇게 말하며 부모를 위로했다."너무 슬퍼하지 마세요. 저는 이제 본부로 전근 가는 것이니까요." 노부부는 그때까지 아들의 그 말을 마음 깊이 품고 있었다.

이러한 믿음은 어디에서 말미암는 것인가? 사람들은 천국에 가는 것에 어떤 소망을 품고 있는가? 우리는 믿음을 통해 예수 그리스도와 연합되었다. 그러므로 죽을 때 우리는 그리스도가 계신 곳에 있을 것이다. 우리는 그분이 어디 계신지 알고 있다. 죽은 자 가운데서 살아나신 예수 그리스도는 40일 후에 하늘로 올라가셨기 때문이다. 죽음의 순간에 하나님의 자녀들은, 육체로 승천하신 그리스도가 그분과 함께 있도록 하기 위해 자신들을 데려가실 것을, 언젠가 그들이 죽지 않고 썩지 않는 몸으로 부활할 것을 확신하기에 안식할 수 있다. 이 확신은 단지 선택된 소수의 신자들에게만 해당되는 것이 아니다. 구원을 얻는 진정한 믿음으로 그리스도께 나아가는 모든 사람에게 해당되는 것이다.

좋은 소식의 또 다른 부분은 그리스도가 당신의 내면부터 바뀌게 하기 위해서 직접 당신의 삶 속으로 들어오신다는 것이다. 그분이 당신 마음에 거하시기를 구하라. 그러면 이전에 지니지 못했던 새로운 갈망들을, 그리고 그 갈망들에 활력을 부여할 새로운 힘을 발견할 수 있을 것이다. 그리스도인의 삶은 그리스도를 신뢰하는 순간 시작하지만 거기서 끝나는 것은 아니다. 그리스도인의 삶은 하나님과 동행하는 법, 믿음과 사랑 안에서 성장하는 법, 하늘 아버지께 기도하는 법, 예수님이 인도하시는 대로 어디든지 그분을 좇아가는 법, 당신이 만나는 사람들과 그분의 사랑을 나누는 법을 배워 가는 동안 매일매일 계속된다. 그리스도인의 삶이 책이라면, 그리스도께 나아가는 것은 1장에 불과하다.

당신이 그 길을 걸어가는 데 도움이 될 실제적인 몇 가지 조언을 하겠다.

개인적인 확신

• 구원의 기초를 일시적인 순간에 일어나는 당신의 느낌에 두지 말라. 아무리 위대한 그리스도인에게도 의심과 의혹의 시기가 있다. 그러나 의심이 하나님과 그분의 말씀에 대한 새로운 확신으로 당신을 다시 이끈다면 선한 도구가 될 수도 있다.

• 구원의 기초를 경험이나 심지어 당신 자신의 믿음에도

두지 말라. 믿음 자체가 하나님의 선물이라는 것을 기억하라. 당신은 당신의 믿음 그 자체가 아니라, 그 믿음을 통해 당신을 구원하시는 그리스도로 인해 구원받는다. 그리스도의 존재에, 그분이 자신의 죽음과 부활을 통해 성취하신 것에 소망을 두라.

• 구원은 온전히 주님께 속한 것이다. 그러므로 당신과 그리스도가 맺은 관계의 기초를 당신이 특정한 경험을 한 날짜나 시간에 둘 필요는 없다. 당신이 출생한 때를 의식적으로 기억하지는 않지만 당신은 여전히 살아 있지 않은가. 당신이 하나님의 가족에 속하게 된 영적 출생의 정확한 순간을 기억하지 못할 수도 있다. 그러나 하나님의 약속을 계속 믿으며 그리스도만이 당신의 구주이심을 신뢰한다면, 성령님이 당신에게 확신을 주실 것이다.

영적 성장

• 육체적인 성장이 오랜 시간 천천히 일어나듯이, 영적인 성장도 마찬가지다. 그리스도께 나오기 전에 어떤 영역에서 힘겹게 싸워 왔다면, 앞으로도 당분간 그 분야에서 힘겨운 싸움을 계속할 가능성이 많다. 당신의 문제를 놓고 기도하라. 그 길을 갈 때 당신을 격려해 줄 다른 그리스도인들을 찾

으라. 원하는 만큼 빨리 변하지 않는 삶의 영역에 대해 주님께 솔직히 아뢰라. 당신의 고투를 성장의 기회로 활용하라.

• 예수님은 그분을 좇는 자들을 **제자**라고 부르신다. 이 단어는 '배우는 자' 라는 뜻이다. 당신이 온종일 예수님을 좇도록 도와 달라고 하나님께 매일 간청하라. 예수님은 당신에게 "네 십자가를 지라"고 요청하신다. 그 말은 그리스도를 좇기 위해 당신 자신의 계획을 제쳐두라는 의미다.

• 규칙적인 기도와 성경 공부를 통해, 중요한 성경 구절들을 묵상하고 암송함을 통해, 다른 신자들의 조언을 통해, 당신의 삶을 위한 그분의 계획을 발견하게 될 것이다. 이 모든 일은 지금 당신 안에 거하시는 성령의 인도하심에 속한다.

교회

• 새로운 삶의 한 가지 징표는 하나님이 당신에게 다른 그리스도인들에 대한 사랑을 주신다는 것이다. 복음을 전파하고 주님을 섬기도록 격려하며 성경을 믿는 지역 교회에 소속한다면, 당신은 분명 매우 **빠르게** 성장할 것이다. 하나님은 그분의 자녀들을 서로 떨어져서 홀로 사는 은둔자로 만들지 않으셨다. 공동체 예배와 세례로 그리스도를 좇고, 정규적인 성만찬을 체험하고, 다른 신자들과 교제하고, 하

나님의 말씀에 대한 교훈과 설교를 들음으로써 배울 수 있는 기회를 잡으려면 지역 교회에 소속해야 한다. 또한 당신이 영적 은사들을 발견하고 활용할 수 있도록 도와줄 수 있는 경건한 지도자들을 본받는 영적 훈련도 필요하다.

• 하나님의 가슴은 온 세상을 품으신다. 지역 교회에 소속하는 것은 세계적인 기독교 공동체에 연결되는 것이다. 교회를 통해 외국에서 사역하는 선교사들을 후원할 수 있다. 또한 다른 교회의 그리스도인들과 연합하여 하나님 나라의 사역을 더욱 크게 확장하는 기회도 갖게 된다.

영적인 훈련

• 하나님은 자녀들에게 그분의 말씀에 대한 사랑을 주신다. 성경이 없다면 한 권 구입해서 매일 읽으라. 복음서 중 한 권(예를 들면 요한복음)에서 시작하여 그리스도의 생애를 전개한 이야기를 읽으라. 그 다음에는 매일 적어도 시편 한 편과 잠언 한 장을 읽는 습관을 들이는 것이 좋다.

• 수많은 새 신자들은 소그룹 모임에 정기적으로 참여함으로 많은 것을 얻는다. 교인들과 사귈 수 있고, 의문에 대한 답을 얻을 수 있으며, 하나님이 날마다 자신을 어떻게 도우셨는지 서로 나눌 수 있다. 대부분의 지역 교회는 주일의 성

경 공부반이나 주중의 심방 등의 사역을 하고 있다.

• 오늘날은 당신의 성장을 도와주는 데 유용한 자원들이 풍부하다. 다양한 성경 역본들과 주석 성경, 성경과 그리스도인의 삶을 이해하는 데 도움을 주는 신앙 서적, 다양한 장르의 기독교 음악이 있다. 덧붙여 컴퓨터 프로그램들과 유용한 정보들로 가득 찬 인터넷 사이트도 많다. 너무 많아서 어디서부터 시작해야 할지 모른다면, 가까운 기독교 서점을 찾아가 직원에게 도움을 요청하라. 당신의 교회에 도서관이 있을 수도 있다. 그리스도인의 성장과 기독교 신학에 관한 책과 테이프들을 빌릴 수 있는 유용한 공급처가 될 것이다.

• 매일 처음 몇 분을 반드시 하나님께 드리도록 하라. 마음과 생각을 주님께 집중하는 시간을 가지라. 기도와 성경 읽기, 좋은 기독교 음악 듣기, 또는 주님과 그분의 말씀을 가리켜 보여 주는 좋은 경건 서적 읽기 등이 좋은 방법이다. 처음 몇 분은 대단히 중요하다. 그 시간이 하루의 나머지 시간을 결정하기 때문이다. 영적인 일기장에 성경에서 얻은 중요한 깨달음을 적어 넣고, 삶의 상황들을 통해 하나님이 가르쳐 주시는 교훈들을 기록하는 것도 매우 좋은 방법이다.

• 당신이 그리스도 안에서 계속 성장한다면, 물질적인 자원을 다른 사람들과 나누고 싶은 새로운 갈망을 품게 될 것

이다. 기쁘게 주는 자가 되라. 어떻게 그 일을 할 수 있는가? 당신이 가지고 있는 것을 하나님께 드림으로 시작하라. 주님의 교회를 통해 주님께 당신 돈의 일부를 바치는 것도 그런 일이다. 또 당신보다 재물이 적은 사람들에게 베풀 수 있는 기회가 많을 것이다. 하나님은 기꺼이 베푸는 자를 사랑하신다. 그것은 마음에서 우러나 기쁘게 베풀기 전에는 절대 경험할 수 없는 일이다.

유혹과 죄

• 오래지 않아, 당신은 분명히 유혹에 직면하게 될 것이다. 유혹은 예상하지 않은 순간에 올 것이다. 그러나 유혹 자체는 죄가 아니라는 것을 명심하라. 중요한 것은 당신의 대처 방법이다. 당신에게 유혹을 허락하신 하나님은 피할 길도 허락하신다. 그 길을 발견할 수 있도록 지혜를 달라고 기도하라. 그리고 발견했다면, 그 길을 선택할 용기를 달라고 하나님께 간청하라.

• 성령님은 새 생명 가운데 성장하는 당신에게, 하나님께 순종하고자 하는 갈망을 주시고 죄를 미워하는 마음을 자라게 하실 것이다. 당신이 죄를 지은 후 취할 수 있는 행동은 두 가지뿐이다. 지은 죄를 감추고 그런 일이 없었던 것처럼

가장할 수 있다. 그러나 그럴 경우, 당신의 삶은 나아지는 것이 아니라 악화될 것이 분명하다. 또 한 가지 행동은 당신의 죄를 고백할 수 있다는 것이다. 당신이 한 일을 인정하고 하나님께 용서를 구할 수 있다. 하나님은 죄를 고백하고 용서를 구하는 사람들에게 복을 주신다. 하나님을 의지하면 그분은 죄를 거부할 의향과 능력을 모두 당신에게 주실 것이다.

개인적인 증거

- 자신의 믿음을 다른 사람들과 나누는 것은 자연스러운 일이다. 믿음에 있어 담대하라. 반대에 눌려 당신의 목소리를 죽이지 말라. 당신이 알고 있는 것이 옳다는 사실을 당당하게 변호하라. 사랑으로 진리를 말하고 그 결과는 하나님께 맡기라. 당신의 용기는 당신에게 많은 기쁨을 가져다 줄 것이며, 다른 그리스도인들도 그같이 담대하도록 격려할 것이다.

- 좋은 소식(복음)을 다른 사람들과 나눌 기회를 달라고 하나님께 기도하라. 매일 만나는 사람들이 영적으로 민감하게 해 달라고 간청하라. 다른 사람들과 그리스도에 대해 이야기할 수 있는 방법은 매우 여러 가지다. 이 책을 한 권 더

사서 친구에게 전해 줄 수도 있다. 친구에게 이 책을 읽고 어떻게 생각하는지 말해 보라고 권유하는 것도 좋다.

• 그리스도께 나아가면 세상을 보는 눈이 바뀐다. 예수님을 좇는 사람들은 세상에 보냄받은 그분의 대사(大使)라고 할 수 있다. 그들은 공의를 베풀고, 자비를 사랑하며, 궁핍한 자들을 돕는다. 당신이 세상에 영향을 미칠 수 있도록 도와달라고 매일 하나님께 간청하라. 그리스도의 이름으로 행한 작은 일들이 다른 사람에게는 엄청난 영향을 미칠 수 있다.

당신의 태도

• 질문을 하는 것은 영적 성장을 돕는 훌륭한 방법이다. 성경을 읽고, 설교나 성경 공부 강의를 들을 때 생긴 의문점들을 간단히 적어 두라. 혼자 공부하고 연구해서 대답을 찾을 수 있는지 생각해 보라. 그럴 수 없다면 친구나 믿을 만한 교역자에게 도움을 요청하라. 모름을 인정하는 것을 결코 부끄러워하지 말라. 그것은 개인적인 성장의 첫걸음이다.

• 어려운 시기가 닥치더라도 놀라지 말라. 예수님은 그분을 좇게 되면 이 세상에서 많은 고난을 당할 것이라고 예언하셨다. 하나님은 우리의 믿음을 발전시키고, 우리의 동기들을 정화하시며, 우리의 초점이 세상 것에서 떠나 재조정

되도록 하시고, 우리가 영적으로 성장할 수 있도록 어려운 시기를 허락하신다. 그런 어려운 시기가 다가온다면 믿음이 약해지지 않도록 인내를 간구하라.

• 감사는 당신이 하나님의 자녀라는 또 하나의 표시다. 생명을 포함하여 당신이 가지고 있는 모든 것은 하나님에게서 왔다. 하나님이 주신 모든 복에 대해 "감사합니다" 하고 매일 기도하라. 이는 일이 뜻대로 되지 않을 때라도 당신이 힘들고 고통스럽지 않도록 도와줄 것이다.

당신을 위한 하나님의 계획

• 실제적인 방법으로 주님을 섬길 기회를 찾아보라. 그러면 하나님이 당신에게 그리스도의 몸인 교회를 섬길 수 있도록 재능을 주셨음을 알게 될 것이다. 주님을 섬기면 그분 안에서 위대한 성취와 심오한 기쁨을 찾게 될 것이다. 당신 자신이 하길 원하는 방법만으로 범위를 제한하지 말라. 하나님이 최선으로 여기시는 방법대로 당신을 사용하시기를 간청하라.

• 그리스도께 나아감은 새로운 취미가 생긴 정도의 일이 아니라는 것을 명심하라. 이 사건은 당신을 창조하신 하나님을 아는 것에 이르는, 새로운 삶의 시작이다! 비록 지금은

당신이 그것을 깨닫지 못하더라도, 하나님은 당신이 그분의 아들인 예수 그리스도를 닮도록 만들려는 일생의 사업을 시작하셨다. 그리스도인의 삶이 항상 쉽지는 않은 이유 중 하나는, 아직 당신이 미완성품이라는 사실이다.

그리스도인이 된다는 것은 세상에서 시작하여 천국에서 마칠 여행길에 오른 것이다. 당신이 이 책을 여기까지 읽었다면, 나는 당신이 주님과 함께 하는 여행을 잘하고 있다고 믿는다. 계속 앞으로 나아가라. 당신의 시선을 하늘의 상급에 맞추라. 그러면 실망하지 않을 것이다. 영적인 삶에서는 방향이 가장 중요하다. 하나님은 완전함보다 방향에 더 많은 관심을 보이신다. 이제 당신의 삶을 그리스도께 이미 의탁했다면 앞으로 깜짝 놀랄 일들이 많이 있을 것이다. 기도에 대한 놀라운 응답과 힘겹게 싸워야 할 중대한 싸움들이 있을 것이다. 그리스도인의 삶을 살면서 자신의 상승과 하락을 발견할지 모른다. 그런 일이 일어나거든 실망하지 말라. 그저 그리스도와 함께 계속 앞으로 나아가라. 매일의 순종이 그 열쇠다. 당신이 주님께 순종하도록 성령님이 도와주실 것이다.

어느 날에는 자신이 전혀 발전하지 않는 것 같다고 느낄 수도 있다. 당신의 감정이 당신의 삶을 지배하지 못하게 하라. 하나님을 신뢰하고 바른 방향으로 계속 걸어가라.

드디어 우리는 이 책의 마지막에 이르렀다. 아직도 그리스도를 구세주로, 내 인생의 주인으로 신뢰하지 않고 있는가? 그렇다면 페이지를 넘겨서 8장을 다시 읽으라. 하나님의 선물은 우리 주 예수 그리스도를 통한 영생이다. 그 선물은 취하기만 하면 당신 것이다. 이것이 당신의 삶을 바꿀 가장 좋은 소식이다.

예수 그리스도가 누구시며, 당신을 위해 어떤 일을 행하셨는지를 하나님의 은혜로 이해했는가? 그러면 이제는 그분에게 구해 달라고 간청하면서 사랑과 신뢰로 그분 앞에 나아가라. 하나님이 예수 그리스도를 믿는 믿음을 당신에게 부어 주시기를 간절히 바란다. 의심스럽다면 직접 와서 보라. 천국에 가는 길이 하나님의 아들에 의해 열려 있다. 아무것도 주저하지 말고, 조금도 핑계대지 말고, 아무것도 염려하지 말고, 당신 모습 그대로 나아오라. 당신이 그리스도께 나아가면, 그분이 당신에게 나오실 것이다.